KB148602

한국인의 영어문장 강화 프로젝트 -2

탄탄하고 명확한 영어 쓰기

한국인의 영어문장 강화 프로젝트-2

탄탄하고 명확한 영어 쓰기

ISBN 978-89-20-92976-2 04080
값 5,900원

2009년 8월 10일 초판 1쇄 펴냄
2018년 1월 31일 초판 4쇄 펴냄

지은이 / 안수진
펴낸이 / 김외숙

편집 / 박혜원
디자인 / 보빙사
인쇄용지 / 한솔제지(주)

펴낸곳 / (사)한국방송통신대학교출판문화원
등록 1982년 6월 7일 제1-491호
주소 서울특별시 종로구 이화장길 54 (우03088)
전화 02-3668-4764
팩스 02- 741-4570
홈페이지 http://press.knou.ac.kr

<지식의 날개>는 한국방송통신대학교출판문화원의
교양도서 브랜드입니다.

아로리총서 : 소통과 글쓰기-5

한국인의 영어문장 강화 프로젝트 –2

탄탄하고 명확한 영어 쓰기

안 수 진

시리즈를 내면서

'한국인의 영어 문장 강화 프로젝트' 시리즈는 문법 실수는 별로 없는데 어딘지 모르게 어색하고 빈약하고 비효율적인 문장을 쓰는 '문법은 고수, 문장은 초보'인 분들을 위해 나왔습니다. 또한 이 시리즈는 문법은 잘 모르더라도 좋은 문장을 향한 튼튼한 기초를 다지고자 하는 실속파를 위해 나왔습니다.

이 시리즈의 목표는 틀린 것을 맞게 고치는 데 있지 않습니다. 명백히 틀리지는 않지만 한국 학생들이 자기도 모르게 습관적으로 답습하는 어색한 한국식 표현의 한계를 넘어 한층 더 자연스럽고 풍부하고 효율적인 문장을 구사할 수 있는 능력 개발에 그 목적이 있습니다. 여러분이 이미 구사하고 있는 바르고 훌륭한 표현과 문장 패턴에 품위 있는 다채로움을 가미하는 것 또한 중요한 목적입니다.

이 시리즈의 특징은 특히 한국 학생들의 문장에서 자주 발생하는 '한국적인' 오류들에 대한 체험적 인식을 바탕으로 그 오류들을 바로잡을 수 있는 매우 구체적인 학습 항목들을 제시한다는 데 있습니다. 이 시리즈에 채택된 대부분의 예문이 한국 학생들의 실제 문장을 토대로 만들어진 만큼, 그에 대해 제시된 해결책들은 특별히 한국인들을 위한 맞춤형 전략이라 할 수 있습니다.

이 책의 활용법

(TT)

문법적으로는 오류가 없지만 어색하고 불명확한 한국식 표현의 문장입니다. 실제 한국 학생들이 습관적으로 자주 구사하는 예문을 모아 보여줍니다. 아마 여러분에게도 매우 익숙하여 별 문제 없이 느껴지는 문장들일 겁니다. 하지만 지금 이 순간부터 이런 어색한 표현은 잊어버리는 게 좋습니다. 네이티브가 구사하는 훨씬 자연스럽고 훌륭한 표현은 따로 있으니까요.

(^^)

품위 있는 네이티브가 구사하는 탄탄하고 명확한 문장입니다. 한국식 표현의 증상을 세밀하게 진단한 후 단 하나의 간단한 처방으로 훌륭한 개선 전략을 제시합니다. 한국식 문장의 엉성함이 잘 와 닿지 않던 분들도 이 문장을 보는 순간 자신의 잘못을 깨닫고 탄탄하고 명확한 문장의 매력에 빠져들게 됩니다. 익숙해질 때까지 여러 번 읽어 보면서 머릿속에 간직하세요.

탄탄하고 명확한 네이티브식 문장을 확장시켜 더 실용적으로 활용하는 방법을 알려줍니다. '구슬이 서말이라도 꿰어야 보배'인 것처럼 훌륭한 문장을 이리저리 응용해 보면서 적시에 써먹어야 열심히 공부한 보람이 있겠죠. 여기까지 훈련하면 네이티브의 '감'이 어느새 여러분의 좌뇌에 확실히 들어앉을 겁니다.

❖ 실전문제

당신의 능력을 보여줘야 할 시간입니다. 이젠 불편하게 느껴져 더 이상 참을 수 없는 한국식 표현을 눈에 보이는 대로 색출한 후, 명확하게 고쳐 주시면 됩니다. 앞에서 처방받은 맞춤형 전략을 잊지 않고 있다면 식은 죽 먹기보다 쉬운 문제들입니다. 문제를 풀기도 전에 답부터 확인하는 약한 모습은 자제해 주세요.

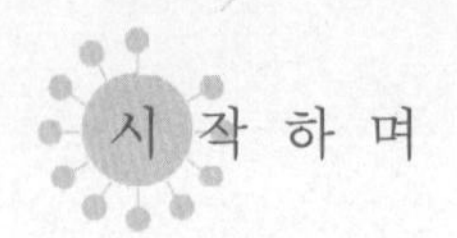

탄탄한 문장이란 무엇인가

문장의 주요 성분인 주어, 동사, 목적어, 보어가 제자리에 있고 눈에 띄는 문법적 오류가 없다고 해서 구성이 탄탄하고 의미전달이 명확한 문장이 되는 것은 아닙니다. 1권에서 다룬 '간결함' 도 탄탄한 문장에 기여하는 덕목이지만, 근본적으로는 문장의 모든 성분들이 제자리에 위치하고 그들 간의 의미 · 형식 관계가 매끄럽게 구성되어야 합니다. 다음 중 어떤 문장이 더 탄탄한 문장일까요?

① Still, I feel excitement and happy.
② I still feel excited and happy.

이 두 문장에는 심각한 문법적 오류가 없으며, '나', '여전히', '느끼다', '신나고', '행복한' 등의 단어들만 이해하면 그 의미도 파악이 어렵지 않습니다. 하지만 형식상으로는 부사 still이 제자리에 들어가 있고, 두 개의 보어 excited와 happy가 모두 형용사인 두 번째 문장의 구성이 더 탄탄하지요. 이 책에서 말씀드리고자 하는 탄탄한 문장이란 형식적인 면에만 그치지 않습니다. 문장 성분들 사이의 올바른 의미 연결과 그것을 처음부터 가능하게 하는 어휘나 구두점의 정확한 선택도 포함합니다. 문장에서 어떤 것을 거창하게 더하거나 빼지 않더라도, 이미 있는 성분들을 세세하게 잘 정비해 주는 연습 또한 좋은 영어문장을 쓰기 위해 꼭 필요한 과정입니다.

왜 탄탄하게 짜야 하는가

첫째, 각 문장의 의미 전달에 심각한 지장을 초래하지 않기 위해서입니다. 내가 전달하고 싶은 내용을 표현하기 위한 단어들이 웬만큼 들어 있는데, 그것들의 형태나 배치, 연결이 올바르지 않다면 심각하거나 어처구니없는 의미의 혼란과 왜곡이 생길 수 있습니다.

둘째, 문장에서 어색하고 불안정한 인상을 해소하기 위해서입니다. 의미 전달을 심각하게 방해하지는 않더라도, 각 성분들이 안성맞춤으로 들어맞지 않아 삐걱거리면 읽는 이의 눈이 어지럽고 마음이 심란해집니다. 맞춤형 책장을 짜서 책들을 들여놓긴 했는데, 이음매들이 서투르고 탄탄하지 못해 보기도 흉하고 자꾸 삐걱거리는 형상과 흡사하다고 할까요. 작은 차이가 명품을 만든다는 말 들어보셨죠? 꼭 맞는 부품과 연장을 써서 단단하게 이어주고 조여주면 문장의 품격이 달라집니다.

책의 구성과 각 장의 취지는 이렇습니다

1장 | 의미의 호응을 맞추자!

이 책에서 가장 중요한 내용이라 첫 장에 두었습니다. 어처구니 없는 의미의 혼란을 방지하려면 이 원칙들은 철저히 지켜야 합니다. 영어의 주어 · 동사의 기본적인 운용과 동사의 (능동 · 수동)태를 아시면 어렵지 않게 이해하고 익힐 수 있는 내용이지만, 우리말과는 달라 무의식 중에 반복적으로 실수할 위험이 높은 부분이랍니다. 글을 쓸 때, 특히 교정볼 때 항상 염두에 두고 살펴봐야 할 사항들입니다.

2장 | 형식의 균형을 맞추자!

영어 품사에 대한 기본 개념을 갖추셨다면 어렵지 않게 이해할 수 있고 또 실행할 수 있는 내용입니다. 형식의 균형이 조금 흐트러진다고 해서 문장의 의미 전달에 심각한 지장을 가져오지는 않지만, 앞서 말씀드린 대로 문장의 품격을 좌우하는 데는 매우 중요한 요소랍니다. 일류 요리사는 음식의 맛뿐 아니라 음식의 재료와 어울리면서 동시에 그것을 돋보이게 하는 그릇과 장식에도 신경을 쓰듯이, 여러분의 소중한 문장에 형식적 치밀함까지 곁들이는 습관을 길러 보세요.

3장 | 수식어구의 자리를 바로잡자!

대부분의 경우, 그야말로 자리만 잘 찾아 옮겨 주면 되는 내용입니다. 우리가 보통 수식어구를 놓을 때, 문장 머리나 끝처럼 유독 선호하는 자리들이 있습니다. 부사, 전치사구 등을 가장 어울리는 자리에 놓는 일은 그리 어렵지 않지만, 문제는 주의가 조금만 흐트러지면 다시 예전 습관으로 돌아가기 쉽다는 데 있습니다. 사실 문장의 의미 전달에 큰 장애를 초래하지는 않기 때문에 우선적으로 알아두어야 할 사항들은 아닙니다. 그러나 문장의 탄탄하고 명확한 구성에 만전을 기하고자 한다면 유용한 요소가 될 것입니다.

4장 | 명확한 어휘로 탄탄한 문장을 완성하자!

어휘공부이기도 하지만, 특히 문장 요소들 사이의 정확한 의미 연결에 상당한 왜곡이나 어색함을 초래하는 잘못된 어휘 선택에 초점을 맞추었습니다. 워낙 비슷하게 생겨 영어공부를 많이 한 상당수의 한국인들도 아직까지 헷갈리는 어휘들의 쌍을 소개합니다. 그 차이를 잘 모를 경우, 독해할 때보다 영작할 때 훨씬 더 큰 문제를 일으킬 수 있는 표현들이지요. 차이를 정확히 알고 반드시 올바른 선택을 해야 하는 사항이니 잘 익히시기 바랍니다.

차례

chapter 3

수식어구의 자리를 바로잡자!

chapter 4

명확한 어휘로 탄탄한 문장을 완성하자!

chapter 1

의미의 호응을 맞추자!

chapter 1

의미의 호응을 맞추자!

To reach an agreement, mutual understanding is necessary.

누군가가 이와 같은 영작을 했다고 칩시다. 문장을 읽으면서 우리의 머릿속엔 다음과 같은 한국어 자막이 지나갈 겁니다. –'합의에 이르기 위해서는 상호 이해가 필요하다.' 영어문장에 문법적 오류도 없고 번역된 우리말도 자연스러우므로, 우리는 별 문제가 없는 영작이라고 판단하기 쉽습니다. 그러나 위의 문장은 부사구와 주어 간 의미의 호응이 제대로 이루어져 있지 않습니다. 다만 그 오류가 우리말의 어떤 특성에 맞물려 눈에 잘 띄지 않는 것이지요.

그렇다면 이러한 영어의 오류를 인식하기 어렵게 만드는 우리말의 특성은 무엇일까요? 우리말은 흔히 문장의 주어를 생략합니다. 일인칭 '나'는 물론이거니와, 일반 주어 '우리', '사람(들)' 등은 특별히 혼동될 수 있는 경우를 제외하고는 생략되는 경우가 훨씬 더 많습니다. 그러므로 위의 문장 역시 우리에게 아무 이상이 없는 문장으로 인식되기 십상입니다. 그러나 영어에서는 주어의 표기나 다른 성분들과 주어 간 의미의 호응이 우리말보다 더 엄격하게 이루어져야 한답니다. 위의 문장은 주절의 주어인 'mutual understanding'이 to부정사에 있는 동사 reach의 의미상 주어가 될 수 없다는 점에서 올바르지 못합니다. 합의에 이르는 주체는 사람이어야 하니까요.

To reach an agreement, we need mutual understanding.

위의 문장이 바른 문장입니다. 목적을 나타내는 to부정사뿐 아니라, 분사구문과 동사를 품은 전치사구에도 이 원칙이 적용됩니다.

이처럼 주어와 관련된 의미의 호응 원칙을 지키지 못하면 간혹 어처구니없는 실수를 할 수 있습니다. 가령 'Reading a comic book, somebody knocked at my door'라는 문장이 있다면, 그 뜻은 '(내가) 만화책을 보고 있는데 누군가가 내 방문을 두드렸다'가 아니라, '누군가가 만화책을 보면서 내 방문을 두드렸다'가 되지요. 내 방문이 통유리거나 내가 엄청난 투시력의 소유자라야 '참'이 되는 진술이지요. 영어를 쓸 때는 철저하게 영어식으로 생각해야 할 필요가 여기에 있습니다.

주어와 관련된 의미의 호응은 우리말 운용과 사뭇 달라, 관련된 기본원칙들을 알아두지 않으면 매우 어색하거나 우스꽝스러운 문장을 써놓고도 본인은 그 오류를 전혀 눈치 채지 못할 수 있습니다. 또, 원칙들을 익힌 후에도 늘 염두에 두고 조심하지 않으면 언제든 실수할 수 있지요. 다행히 알아두어야 할 원칙의 수가 그리 많지 않고, 한 번 익혀두면 문장에 적용시키기도 그리 어렵지 않으니 이번 기회에 확실히 공부하시면 좋겠습니다.

분사구문과 주어를 맞춰 주세요

☹ When selecting a business partner, the balance of personality and ability should be first considered.

사업 파트너를 선택할 때는 인성과 능력의 균형이 가장 먼저 고려되어야 한다(?)

이제 이 영어문장에 무슨 문제가 있는지 아시겠죠? 부사구의 분사 selecting은 주절의 주어인 'the balance'와 의미상 호응되지 않습니다. '~ing'나 '~ed' 형태의 분사구문을 쓸 때는, 주어와 각 분사가 주어 · 동사 관계로 의미상 호응을 이루어야 한답니다. 사업 파트너를 고를 수 있는 주체는 사람이니 다음과 같이 고칩시다.

☺ When selecting a business partner, we should first consider the balance of personality and ability.

사업 파트너를 선택할 때는 인성과 능력의 균형을 가장 먼저 고려해야 한다.

* 주의 | 워낙 많이 쓰이다보니 전치사로 굳어진 considering, assuming, given으로 시작하는 구문은 이 원칙에 맞지 않아도 됩니다.

😟 A worrisome expression gathered on my mother's face while watching me.

걱정스러운 표정이 나를 바라보는 동안 엄마의 얼굴에 드리워졌다

주어와 의미상 호응을 이루어지지 않으면 문장이 얼마나 우스꽝스러워지는지 이 예문을 통해 잘 아실 수 있을 겁니다. 나를 바라보는 주체가 엄마가 아닌 '표정'이 되어 버렸으니까요. 분사구문의 경우 그것이 주절의 앞이나 뒤 혹은 가운데 중 어디에 있던지, 주절의 주어와 의미상 호응해야 합니다. 각 상황에 따라 i) 주절의 주어 (필요에 따라 주어의 동사도 함께)를 고치든지, ii) 부사구의 분사 형태를 고쳐 주는데, 모두 여의치 않으면 iii) 부사구를 부사절로 풀어 문장 전체를 복문으로 만들어 줍니다.

😊 My mother wore a worrisome expression on her face while watching me.

나를 바라보시면서 엄마는 걱정스런 표정을 지으셨다.

A worrisome expression gathered on my mother's face while she was watching me.

나를 바라보시는 동안 엄마의 얼굴에 걱정스런 표정이 드리워졌다.

* 비교 | 주어에 포함된 소유격이 분사의 의미상 주어와 일치하면 따로 의미상 호응을 이루지 않아도 됩니다.

- Taking care of my brother and me, my parents' faces become winkled and their hair gray.

  오빠와 나를 돌보느라 우리 부모님의 얼굴은 주름지고 머리는 하얗게 되었다

- Waiting for the special family dinner, my heart swelled with joy.

  그 특별한 가족 식사를 기다리면서 나의 마음은 기쁨으로 부풀었다.

Walking down the stairs, a piano will be seen in the right corner.

피아노가 계단을 내려오다 보면 오른쪽 구석으로 보일 것이다.

⇣⇣

Walking down the stairs, you will see a piano in the right corner.

If you walk down the stairs, a piano will be seen in the right corner.

(당신이) 계단을 내려오다 보면 오른쪽 구석에 있는 피아노가 보일 것이다.

Sex offenders are hardly given any guidance after releasing from prison.

성범죄자들은 감옥에서 풀어준 후에 어떤 지도도 받지 못한다.

⇣⇣

Sex offenders are hardly given any guidance after being released from prison.

성범죄자들은 감옥에서 풀려난 후에 어떤 지도도 받지 못한다.

Government hardly gives any guidance to sex offenders after releasing them from prison.

정부는 성범죄자들을 감옥에서 풀어준 후에 어떤 지도도 제공하지 않는다.

After sex offenders are released from prison, government hardly gives them any guidance.

성범죄자들이 감옥에서 풀려난 후에 정부는 그들에게 어떤 지도도 제공하지 않는다.

❖ 실전문제 ㅣ 분사와 주절의 주어가 의미상 호응이 될 수 있도록 고쳐 보세요.

1. Comparing with traditional shopping, on-line shopping is far riskier.

⇨

2. Exiting the dreary tunnel, beautiful scenery spread out.

⇨

3. The expenses almost triple when studying abroad.

⇨

4. Upon hanging up the phone, the doorbell rang.

⇨

5. The scary stories about the teacher frightened me even before meeting him.

⇨

6. When staying up late, the temptation of midnight snacks becomes unbearably stronger.

⇨

7. Frustration and dissatisfaction will still race through your veins even after handing in your homework.

⇨

8. Faced with the serious situation, it was impossible to reverse the tide.

⇨

9. I finally got rid of my glasses. After wearing contact lenses, some of my friends couldn't even recognize me.

⇨

10. Once infected with the virus, the fatality rate is 100%.

⇨

답 | 1. Compared with traditional shopping, on-line shopping is far riskier. 2. Exiting the dreary tunnel, we saw beautiful scenery spread out./ As we exited the dreary tunnel, beautiful scenery spread out. 3. The expenses almost triple when they study abroad./ We will have to spend three times more money when studying abroad. 4. Upon hanging up the phone, I heard the doorbell ring./ As soon as I hung up the phone, the doorbell rang. 5. The scary stories about the teacher frightened me even before I met him./ I was frightened by the scary stories about the teacher even before meeting him. 6. When staying up late, I feel the temptation of midnight snacks to be unbearably stronger./ When I stay up late, the temptation of midnight snacks becomes unbearably stronger. 7. You will feel frustration and dissatisfaction race through your veins even after handing in your homework./ Frustration and dissatisfaction will still race through your veins even after you hand in your homework. 8. Faced with the serious situation, I was unable to reverse the tide./ Faced with the serious situation, it was impossible for me to reverse the tide. 9. I finally got rid of my glasses. After wearing contact lenses, I wasn't even recognized by some of my friends./ After I wore contact lenses, some of my friends couldn't even recognize me. 10. Once infected with the virus, no one can survive it; the fatality rate is 100%./ Once people are infected with the virus, the fatality rate is 100%.

To부정사와 주어를 맞춰 주세요.

😣 To obtain the best result, quick and accurate judgment is needed.

최선의 결과를 얻기 위해서는 빠르고 정확한 판단이 필요하다(?)

위 문장의 경우에도 워낙 우리말 번역이 자연스러워 실수하기 쉽습니다. to부정사를 '문장 머리'에 쓸 때는 그 동사와 주절의 주어를 맞춰야 한답니다. 그러나 분사구문의 경우와는 달리, 문장 머리에 있지 않은 to부정사는 그 주어가 일반주어(they, you, we, people)이거나 문맥상 무리 없이 짐작 가능한 주어이면 맞추지 않아도 됩니다.

😊 To obtain the best result, we need quick and accurate judgment.

Quick and accurate judgment is needed to obtain the best result.

최선의 결과를 얻기 위해서는 빠르고 정확한 판단이 필요하다.

* 비교 | 일반주어이므로 굳이 맞추지 않아도 되는 예입니다.

- It will only take five minutes to reach the museum.
  박물관까지 가는 데 5분 정도밖에 안 걸린다.
- Yeouido is one of the best places to enjoy dazzling cherry blossoms.
  여의도는 눈부신 벚꽃을 즐길 수 있는 최고의 장소 중 하나다.

It only takes five minutes to make friends with guys.

남자들과 친해지는 데는 5분 정도밖에 안 걸린다.

to부정사가 문장 머리에 있지 않더라도 내용상 일반주어가 맞지 않는 경우는, to부정사 앞에 'for + 명사[목적격 대명사]' 형태로 의미상의 주어를 넣어줍니다.

It only takes five minutes for me to make friends with guys.

내가 남자들과 친해지는 데는 5분 정도밖에 안 걸린다.

To know whether he tells the truth or not, it is necessary to watch his ears carefully.

그가 진실을 말하는지 알려면 그의 귀를 유심히 보는 것이 필요하다(?)

⇣⇣

To know whether he tells the truth or not, you need to watch his ears carefully.

그가 진실을 말하는지 알려면 그의 귀를 유심히 볼 필요가 있다.

Watch his ears carefully to know whether he tells the truth or not.

그가 진실을 말하는지 알려면 그의 귀를 유심히 보세요.

Our little balcony is the perfect place to enjoy dazzling cherry blossoms.

우리 집 작은 발코니는 눈부신 벚꽃을 감상하기에 완벽한 장소다.

⇣⇣

Our little balcony is the perfect place for my sick grandmother to enjoy dazzling cherry blossoms.

우리 집 작은 발코니는 편찮으신 우리 할머니가 눈부신 벚꽃을 감상하시기에 완벽한 장소다.

전치사구와 주어를 맞춰 주세요.

😟 In battling against HIV, well-balanced nutrition is crucial.

에이즈 바이러스와 싸울 때는 균형 잡힌 영양이 필수적이다(?)

동사를 품은 전치사구가 주어와 의미상 호응을 해야하는 원칙은 to부정사의 경우와 동일합니다. 전치사구를 '문장 머리' 에 쓸 때는 반드시 주절의 주어와 의미적 호응이 이루어져야 함을 상기합시다.

😊 In battling against HIV, we should know that well-balanced nutrition is crucial.

에이즈 바이러스와 싸울 때는 균형 잡힌 영양이 필수적임을 알아야 한다.

Well-balanced nutrition is crucial in battling against HIV.

에이즈 바이러스와 싸울 때는 균형 잡힌 영양이 필수적이다.

* 비교 | 상황에 따라 다음의 표현들도 가능합니다.

- When people battle against HIV, well-balanced nutrition is crucial.
- In the battle against HIV, well-balanced nutrition is crucial.

My sisters complained about making rules.

여동생들은 원칙을 만드는 것에 불만을 토로했다.

문장 머리에 있지 않은 전치사구에 일반주어가 어울리지 않으면 to부정사의 경우와 마찬가지로 의미상의 주어를 따로 넣어 줘야 합니다. 단, 이 때 소유격이 의미상의 주어로 옵니다.

My sisters complained about my making rules.

여동생들은 내가 원칙을 만드는 것에 불만을 토로했다.

Despite breaking into my house, the police didn't arrest her.

경찰이 우리 집에 침입했음에도 불구하고 그 여자를 체포하지 않았다.

⇣⇣

Despite breaking into my house, she wasn't arrested by the police.

우리 집에 침입했음에도 불구하고 그 여자는 경찰에 체포되지 않았다.

Although she broke into my house, the police didn't arrest her.

우리 집에 침입했음에도 불구하고 경찰은 그 여자를 체포하지 않았다.

There was no point in going back home.

집으로 돌아가는 것은 의미가 없었다.

⇣⇣

There was no point in their going back home.

그들이 집으로 돌아가는 것은 의미가 없었다.

❖ 실전문제 | 밑줄 친 부분이 주어와 호응하면 ○표를 하고, 그렇지 않으면 호응이 이루어지도록 문장을 다시 써보세요.

1. To answer the questions, three factors should be examined.

⇨

2. It is always difficult to define love.

⇨

3. It took 40 minutes to read the first page of the book.

⇨

4. To understand the book, it is important to use your imagination.

⇨

5. My uncle seems to take great delight in inviting his friends for a dinner.

⇨

6. In learning how to communicate with their children, patience is needed more than anything else.

⇨

7. I was furious at taking me for granted.

⇨

8. Instead of showing ordinary life, sensational and provocative materials are displayed on some TV reality shows.

⇨

답 | 1. To answer the questions, we should examine three factors./ Three factors should be examined to answer the questions. 2. ○ 3. It took 40 minutes for the child to read the first page of the book. 4. To understand the book, you should use your imagination./ It is important to use your imagination in order to understand the book. 5. ○ 6. In learning how to communicate with their children, parents need patience more than anything else./ Patience is needed more than anything else in parents' learning how to communicate with their children. 7. I was furious at his taking me for granted. 8. Instead of showing ordinary life, some TV reality shows display sensational and provocative materials./ Some TV reality shows display sensational and provocative materials instead of ordinary life.

기타 부정확한 의미 호응에 주의하세요.

☹ Jane Eyre is not a pretty girl like the heroines in fairy tales.

제인 에어는 동화 속 여주인공들처럼 예쁜 소녀는 아니다.

'~처럼'을 뜻하는 like 전치사구를 우리말 그대로 옮길 때 종종 나오는 실수입니다. 소설 『제인 에어』의 주인공 제인 에어는 평범한 외모와 훌륭한 성품을 가진 인물로서, 흔히 뛰어난 미모를 뽐내는 요정 이야기의 여주인공들과 사뭇 다르지요. like를 '~처럼'의 뜻으로 쓸 때는 비교 대상이 같은 성격을 가져야 하고, 성격이 다를 때는 unlike를 써야 한답니다. 그 위치는 비교 대상에 가까이 두면 더욱 좋습니다.

☺ Jane Eyre, unlike the heroines in fairy tales, is not a pretty girl.

제인 에어는 동화 속 여주인공들과 달리 예쁜 소녀가 아니다.

☹ I felt solemn like a funeral.

나는 장례식처럼 엄숙함을 느꼈다.

이 문장은 우리말로 옮겨도 어색합니다. like 뒤에 오는 명사가 주절의 주어나 목적어, 보어 등과 대칭을 이루지 않으면 전치사구의 일부일 확률이 높습니다. 그러니 'like+명사' 형태가 아닌, 'like+전치사+명사' 형태나 as if절로 써줍니다.

😊 I felt solemn like (I was) in a funeral.

장례식장에 있는 것처럼 엄숙함을 느꼈다.

I felt solemn as if (I were) in a funeral.

마치 장례식장에 있는 것처럼 엄숙함을 느꼈다.

☹ I always wish winter to pass quickly like an exam period.

언제나 겨울이 시험기간처럼 빨리 지나가길 빈다.

시험기간처럼 괴로운 시간은 원래 빨리 지나가지 않지요? 'like an exam period'는 의미상 winter가 아닌 동사 wish에 연결되는 요소입니다. '시험기간이 빨리 지나간다'가 아니라, '시험기간이 빨리 지나가길 빈다'는 의미니까요. 이와 같이 동사와 의미가 연결될 때는 as절로 다시 써주거나, winter와 의미상 동급이 될 수 있는, 빨리 지나가는 물체나 시간으로 내용을 바꿔 줍니다.

😊 I always wish winter to pass quickly as it does during an exam period.

시험기간이 오면 그러는 것처럼 언제나 겨울이 빨리 지나가길 빈다.

I always wish winter to pass quickly like a jet.

언제나 겨울이 제트기처럼 빨리 지나가길 빈다.

I felt totally free as if I had finished my military service.

마치 군복무를 마친 것처럼 완전히 자유로움을 느꼈다(?)

'as if' 절이 가정법 문장임을 잠시 잊으면 종종 하게 되는 실수입니다. 위의 문장은 아직 군복무를 끝내지 못하고 군에 남아 있는 사람이 썼을 때만 맞습니다. 가정법이란 과거에 이미 일어났거나 현재 일어나고 있는 일의 '반대'를 가정하는 것인데, 이미 군복무를 마친 사람이 위의 문장을 썼다면 '마치 군복무를 마친 것처럼'이라는 가정이 성립되질 않지요. 이 경우에는 가정이 아니라, 단순 비교로 그때와 비슷한 자유로움을 느꼈다고 해야 합니다.

I felt totally free just like when I had finished my military service.

내가 군복무를 마쳤던 그 때처럼 완전히 자유로움을 느꼈다.

I felt totally free as if I were a bird.

마치 새가 된 것처럼 완전히 자유로움을 느꼈다.

☹ I was very hard to deal with the unexpected situation.

예기치 못한 그 상황에 대처하기가 매우 힘들었다(?)

보어로 'hard, difficult, easy, necessary, important' 등을 쓸 때 종종 하게 되는 실수입니다. 이 형용사들은 대부분 사람의 성질을 표현하는 것이 아니므로 사람을 주어로 쓰지 않고 '가주어 + 진주어' 구문 또는 사람을 주어로 취할 수 있는 동사(구)를 써줍니다.

☺ It was very hard for me to deal with the unexpected situation.

I had a very hard time dealing with the unexpected situation.

예기치 못한 그 상황에 대처하기가 매우 힘들었다.

* 비교 | to부정사에 포함된 동사의 목적어가 주어이면 사람을 주어로 쓸 수 있습니다.

· He is very hard to please. (= It is very hard to please him.)

그는 만족시키기가 매우 힘든 사람이다.

또는, 사람이 주어로 오면 의미가 달라집니다.

· He was being very difficult.

그는 매우 까다롭게 굴었다(남을 어렵게 했다).

chapter 2

형식의 균형을 맞추자!

chapter 2

형식의 균형을 맞추자!

'엄친아'는 학업에서 뛰어날 뿐만 아니라 운동하기와 예절에서도 뛰어나 또래 친구들을 기죽이는 남자를 말한다.

세상에 정말 있는지 모르겠으나, 우리가 알게 모르게 '불효'를 할 때면 유령처럼 나타나 우리를 더욱 초라하게 만들고 사라지는 신비스런(?) 존재, '엄친아'에 대한 정의입니다. 내용도 크게 틀린 데가 없고 문장의 기본 틀 그대로도 의미 전달에는 별 문제가 없습니다만, 밑줄 친 부분은 왠지 어색하게 느껴집니다. '학업'과 '예절'은 형태가 같은데 '운동하기'는 다르고, '~에서 뛰어나', '~에서도 뛰어나'도 불필요하게 반복되어 있으니까요. 이러다간 문장 쓰기에서도 '엄친아'에게 눌릴 위험이 있으니 한 번 잘 고쳐 봅시다.

'엄친아'는 학업뿐 아니라 운동과 예절에서도 뛰어나 또래 친구들을 기죽이는 남자를 말한다.

어때요? 처음보다 훨씬 낫지요? 이렇게 고쳐 놓으니 비로소 '엄친아' 자신이 쓴 문장 같습니다.

이와 같이 형식적 완성도에 주의를 기울여야 하는 것은 영어에서도 마찬가지입니다.

① '엄친아' is defined as a man who frustrates his peers by not only excelling in study but also excelling in playing sports and in manners.

② '엄친아' is defined as a man who frustrates his peers by excelling not only in study but also in sports and manners.

전치사 in 뒤에 동일한 형태의 단어들이 있고 불필요한 반복이 없는 두 번째 문장이 훨씬 더 좋은 문장입니다. 탄탄하게 짜여 간결함뿐 아니라 균형미와 명확함을 모두 갖춘 문장이 되는 것이지요. 영어의 원칙들이 더 까다로운 면도 좀 있습니다만, 대체로 우리말 운용과 비슷하고 알아야 할 내용이 그리 많지 않기 때문에 이들만 한 번 익혀 두시면 오랫동안 든든한 자산이 될 겁니다.

유니폼을 입혀 주세요.

☹ Many advertising, movies, and TV shows are contributing to spreading the stereotype.

많은 광고하기와 영화, 텔레비전 프로그램들이 그 상투적 방식을 퍼뜨리는 데 일조하고 있다.

☺ Many advertisements, movies, and TV shows are contributing to spreading the stereotype.

많은 광고와 영화, 텔레비전 프로그램들이 그 상투적 방식을 퍼뜨리는 데 일조하고 있다.

☹ My father is diligent and a very generous man.

우리 아버지는 부지런하시고 매우 관대한 분이다.

☺ My father is diligent and very generous.

우리 아버지는 부지런하고 관대하시다.

My father is a diligent and very generous man.

우리 아버지는 부지런하고 관대하신 분이다.

and, but, or 등은 보통 등위접속사라 불립니다. 이들은 자기 양편에 놓이는 요소들에게 동등한 지위를 주기 때문이지요. 가령 and 앞에 있는 말이 국가대표 선수라면 뒤에 있는 말도 국가대표 선수가 되는 것이지, 그것만 동대표 선수가 되지는 않습니다. 등위접속사로 연결할 때는 최대한 같은 품사를 사용해 주세요. 같은 팀원들에게 한 유니폼을 입혀 소속을 명확히 해주는 것처럼 말입니다.

Korea was not rich in natural resources and had only a low level of technology.

한국은 천연자원이 풍부하지 않았고 단지 낮은 수준의 기술만 보유하고 있었다.

동사를 쓸 때는 정적인 성격의 be동사와 그 밖의 '행위(active)' 동사로 나누어 생각하세요. 두 가지 동사를 등위접속사로 연결하는 것이 꼭 틀린 것은 아니지만, 가급적 be동사는 be동사끼리, 행위동사는 행위동사끼리 연결해 주세요. 다음에 나오는 두 번째 문장처럼 동사 하나로 더욱 간결하게 연결해 줄 수도 있습니다.

Korea lacked natural resources and had only a low level of technology.

한국은 천연자원이 부족했고 단지 낮은 수준의 기술만 보유하고 있었다.

Korea lacked natural resources and high technology.

한국은 천연자원과 첨단 기술이 부족했다.

😣 They worked out for hours at a time even with an injury or while sick.

그들은 부상 중이거나 아플 때도 한 번에 여러 시간씩 운동을 했다.

주어, 동사, 목적어, 보어가 아닌 수식어구들도 최대한 구는 구끼리, 절은 절끼리, 같은 유니폼으로 맞춰 주세요.

😊 They worked out for hours at a time even with an injury or a sickness.

그들은 부상 중이거나 아플 때도 한 번에 여러 시간씩 운동을 했다.

They worked out for hours at a time even while injured or sick.

그들은 부상 중이거나 아플 때도 한 번에 여러 시간씩 운동을 했다.

In the first chapter, the appearances of the fairy queen and what the fairy house looks like are lively depicted.

첫 장에 요정 여왕의 외모와 요정 집이 어떻게 생겼는지 생생하게 묘사되어 있다.

⇣⇣

In the first chapter, the appearances of the fairy queen and the fairy house are lively depicted.

첫 장에 요정 여왕과 요정 집의 생김새가 생생하게 묘사되어 있다.

Register for the course if you are ready for undertaking heavy assignments and to cope with overwhelming stress.

과중한 숙제를 해내고 주체하기 힘든 스트레스를 감당할 준비가 되어 있다면 그 수업에 등록하세요.

⇣⇣

Register for the course if you are ready for undertaking heavy assignments and coping with overwhelming stress.

Register for the course if you are ready to undertake heavy assignments and to cope with overwhelming stress.

과중한 숙제를 해내고 주체하기 힘든 스트레스를 감당할 준비가 되어 있다면 그 수업에 등록하세요.

❖ 실전문제 | 밑줄 친 등위접속사의 양 편이 동일한 형태가 되도록 고쳐 보세요.

1. She encouraged me to be ambitious <u>and</u> think imaginatively.

⇨

2. Many women were forced to choose between their career <u>and</u> taking care of their children.

⇨

3. They seem to regard the social issues as something unrelated to their personal issues such as job seeking <u>and</u> making money.

⇨

4. A balance between what is ideal <u>and</u> what actually is helps improve students' academic ability.

⇨

5. The death penalty requires enormous costs <u>but</u> is ineffective in preventing crimes.

⇨

6. Those stories are nothing but speculations <u>or</u> misunderstood.

⇨

7. To prevent teenage suicide, parents and teachers should help teenagers to be sound-minded <u>and</u> have a healthy body.

⇨

8. At first glance, the policy appears to be timely <u>and</u> a great help to domestic farmers.

⇨

9. There is no evidence that children of gay parents have lower self-confidence <u>and</u> are less intelligent.

⇨

답 | 1. She encouraged me to be ambitious and imaginative./ She encouraged me to think ambitiously and imaginatively. 2. Many women were forced to choose between their career and their children./ Many women were forced to choose between pursuing their career and taking care of their children. 3. They seem to regard the social issues as something unrelated to their personal issues such as job seeking and money making./ They seem to regard the social issues as something unrelated to their personal issues such as seeking jobs and making money. 4. A balance between what is ideal and what is actual helps improve students' academic ability. 5. The death penalty requires enormous costs but cannot prevent crimes effectively. 6. Those stories are nothing but speculations or misunderstandings. 7. To prevent teenage suicide, parents and teachers should help teenagers to be sound-minded and healthy./ To prevent teenage suicide, parents and teachers should help teenagers to have sound mind and healthy body. 8. At first glance, the policy appears to be timely and greatly helpful to domestic farmers. 9. There is no evidence that children of gay parents have lower self-confidence and lower intelligence./ There is no evidence that the children of gay parents are less self-confident and less intelligent.

공평하게 비교하세요.

😣 The landscape of my hometown exhibits little difference from Seoul.

내 고향 마을의 전경은 서울과 별 차이가 없다.

'내 고향 마을의 전경'을 서울의 전경이 아닌, 서울 전체와 비교하고 있습니다. 우리말로 번역했을 때 별 문제가 없기 때문에 이런 식의 '불공평한' 비교 문장을 우리는 심심찮게 씁니다. 'differ from' 뿐 아니라 'similar to', 'as ~ as', '비교급 ~than', like, unlike 등의 표현이 들어가는 비교 문장을 쓸 때에는 공평하게 같은 것끼리 비교하도록 늘 주의합시다. 위 문장에서처럼 landscape라는 명사 주어가 비교 대상이면 대명사 that (복수일 때 those)으로 받아주고 앞에 나온 전치사를 반복해 씁니다.

😊 The landscape of my hometown exhibits little difference from that of Seoul.

내 고향 마을의 전경은 서울(의 전경)과 별 차이가 없다.

The landscape of my hometown is as beautiful as that of Seoul.

내 고향 마을의 전경은 서울(의 전경)만큼 아름답다.

The landscape of my hometown is much more beautiful than that of Seoul.

내 고향 마을의 전경은 서울(의 전경)보다 훨씬 아름답다.

☹ In summer, daytime is much longer than any other seasons.

여름에는 낮 시간이 다른 계절보다 훨씬 길다.

이 문장에서는 비교 대상이 'in summer' 라는 전치사구이므로 형식이 조금 달라집니다. 전치사구가 비교 대상일 때는 대명사 that이나 those를 쓰지 않고, 적절한 전치사만 than 뒤에 넣어주면 됩니다. 단, 우리말 순서를 그대로 옮기지 마시고, 읽는 이의 이해를 돕기 위해 비교가 되는 전치사구를 than 앞뒤로 가깝게 넣어주세요.

☺ Daytime is much longer in summer than in any other seasons.

여름에는 낮 시간이 다른 계절보다 훨씬 길다.

* 주의 | 뒤에 나오는 비교 대상에 전치사가 있더라도, 앞부분에 비교할 만한 전치사구가 없고 명사끼리 비교하는 내용이라면 따로 that이나 those를 넣어줘야 합니다.

- Do Americans actually speak like in Hollywood movies? (×)
  미국인들은 실제로 할리우드 영화에서처럼 말하나요?
- Do Americans actually speak like those in Hollywood movies? (○)
  미국인들은 실제로 할리우드 영화의 인물들처럼 말하나요?

☹ Going to the beach in spring, fall and winter cannot compare with the wonderful summer time.

봄, 가을, 겨울에 해변에 가는 것은 놀라운 여름철과는 비교가 안 된다.

'A cannot compare with B'는 A가 B보다 훨씬 못해 비교도 안 된다는 뜻입니다. 평소 자주 보고 쓰는 비교 구문이 아니더라도, 비교하는 내용이 되는 것은 모두 형식적 균형도 맞추고 공평한 비교가 되도록 주의합시다.

☺ Walking along the beach in spring, fall and winter cannot compare with swimming in the summer sea.

봄, 가을, 겨울에 해변을 거니는 것은 여름 바다에서 수영하는 것과는 비교도 안 된다.

A punishment for robbery must be lighter than murder.

강도질에 대한 벌은 살인보다 가벼워야 한다.

⇣⇣

A punishment for robbery must be lighter than that for murder.

강도질에 대한 벌은 살인에 대한 벌보다 가벼워야 한다.

Unlike avian influenza, no cure for mad cow disease has yet been found or invented.

조류독감과 달리, 광우병 치료제는 아직 발견되거나 발명되지 않았다.

⇣⇣

Unlike in the case of avian influenza, no cure for mad cow disease has yet been found or invented.

조류독감의 경우와 달리, 광우병은 그 치료제가 아직 발견되거나 발명되지 않았다.

❖ 실전문제 | 공평한 비교가 되도록 문장을 고쳐 보세요.

1. No one can go through the exact same experiences as me.

⇨

2. College students' behavior should be different from high school students.

⇨

3. The atmosphere of the remodelled cafe is far more welcoming than the old one.

⇨

4. The average income of the ten richest countries is 18 times higher than the ten poorest ones.

⇨

5. Her fashion differed from other teachers.

⇨

6. These cultural trends in Korea are remarkably similar to Japan.

⇨

7. I tend to have more snacks in winter because the night time is much longer than any other season.

⇨

8. Like many other foreign language classes, we spent considerable time in this class on group working.

⇨

9. Unlike medications, there are few side effects associated with essential oils.

⇨

답 | 1. No one can go through the exact same experiences as mine. 2. College students' behavior should be different from high school students'. 3. The atmosphere of the remodelled cafe is far more welcoming than that of the old one. 4. The average income of the ten richest countries is 18 times higher than that of the ten poorest ones. 5. Her fashion differed from other teachers'. 6. These cultural trends in Korea are remarkably similar to those in Japan. 7. I tend to have more snacks in winter because the night time is much longer than in any other season. 8. Like in many other foreign language classes, we spent considerable time in this class on group working. 9. Unlike in the case of medications, there are few side effects associated with essential oils./ Unlike medications, essential oils cause few side effects.

대칭을 만들어 주세요(1)

😣 My lack of self-love not only exhausted my energy but also exhausted others' vitality.

나의 자기애 결핍은 나의 에너지를 소진시켰을 뿐 아니라 남들의 생명력도 소진시켰다.

My lack of self-love not only exhausted my energy but also others' vitality.

나의 자기애 결핍은 나의 에너지를 소진시켰을 뿐 아니라 남들의 생명력도 그랬다.

'not only A but also B', 'either A or B', 'neither A nor B', 'not A but B', 'both A and B' 등의 상관어구를 쓸 때는 데칼코마니 같은 대칭을 만들어 줍니다. 첫 번째 문장의 exhausted처럼 겹치는 부분이 있어도 안 되고, 두 번째 문장처럼 A와 B의 균형이 어긋나도 안 됩니다. 수학공식 'a(b+c)' 처럼, 공통되는 동사는 a처럼 상관어구 앞으로 빼주고 상관어구 안에 들어있는 b와 c는 서로 대칭 'exhausted (my energy + others' vitality)'가 되게 해주세요. 문장의 의미가 훨씬 깔끔하고 명확해집니다.

😊 My lack of self-love exhausted not only my energy but also others' vitality.

나의 자기애 결핍은 나의 에너지뿐 아니라 남들의 생명력도 소진시켰다.

* 주의 | A와 B를 대칭을 만들 때, 소소한 부분까지 형태가 정확히 같아야 하는 것은 아닙니다. 가능한 맞춰주면 좋지만, 여의치 않으면 다음과 같이 목적어나 보어 등 주요 성분들만 대칭을 만들고 그에 붙는 수식어구들은 대칭이 아니어도 됩니다.

· My lack of self-love exhausted not only my energy to love others but also their vitality that they need to love me.

나의 자기애 결핍은 남을 사랑하는 나의 에너지뿐 아니라, 그들이 나를 사랑하려면 필요한 그들의 생명력도 소진시켰다.

I neither understood what the professor said nor remembered it.

교수님이 하신 말씀을 이해하지도 못했고 그것을 기억하지도 못했다.

동사가 아닌 목적어가 공통분모가 될 때도 원칙은 같습니다. 위의 문장은 'I didn't understand what the professor said, and I didn't remember it, either'라는 문장을 'neither A nor B' 구문으로 매우 잘 고친 문장입니다. 다만 두 동사 understood와 remembered의 목적어가 'what the professor said'로 동일하므로, 대명사 it을 빼고 '(b+c)a' 라는 공식처럼 공통된 목적어를 뒤로 빼준 후 A와 B를 대칭으로 만들면 그야말로 완벽한 문장이 됩니다.

I neither understood nor remembered what the professor said.

교수님이 하신 말씀을 이해하지도, 기억하지도 못했다.

* 주의 | 목적어가 일치하더라도, 가령 '자동사와 타동사', '타동사와 자동사' 하는 식으로 두 동사의 형태가 다른 경우도 있습니다. 이럴 때는 첫 번째 동사 바로 뒤에 목적어를 써주고 두 번째 동사 뒤에는 그것을 가리키는 대명사를 넣는 것이 가장 적절합니다.

· I could neither criticize nor pander to her taste. (△)
그녀의 취향을 비판할 수도, 영합할 수도 없었다.

· I could neither criticize her taste nor pander to it. (○)
그녀의 취향을 비판할 수도, 그에 영합할 수도 없었다.

They either should have informed me personally or officially.

그들은 내게 개인적으로 알려주든 공식적으로 했어야 했다.

They should have informed me either personally or officially.

그들은 내게 개인적으로든 공식적으로든 알려주었어야 했다.

I was disgusted by his eccentricity but at the same time attracted to it.

그 사람의 기이함에 역겹기도 했지만 동시에 그것에 끌리기도 했다.

I was both disgusted by his eccentricity and attracted to it.

그 사람의 기이함에 역겹기도 했지만 그것에 끌리기도 했다.

I was both disgusted by and attracted to his eccentricity.

그 사람의 기이함에 역겹기도 했지만 끌리기도 했다.

대칭을 만들어 주세요(2)

😣 I failed in not only completing the work but also admitting my failure.

나는 그 일을 완성하는 것뿐 아니라 내 실패를 인정하는 데에도 실패했다.

'a(b+c)' 라는 공식처럼 공통된 부분을 앞으로 빼준다는 원칙은 전치사나 because와 같은 연결어 등에는 적용되지 않습니다. 상관어구에서 공통으로 쓰이는 전치사나 연결어는 상관어구 안에서 a(*b + *c)의 형태로 반복해 줍니다. 그것들은 매우 짧기 때문에 반복하는 것 자체로 문장을 늘어지거나 어지럽게 하지 않으며, 오히려 긴 문장에서는 두 번째 사항이 어디에 연결된 것인지를 독자에게 알려주는 중요한 이정표 역할을 한답니다.

😊 I failed not only in completing the work but also in admitting my failure.

나는 그 일을 완성하는 것 뿐 아니라 내 실패를 인정하는 데에도 실패했다.

* 비교 | 짧은 문장에 both를 쓰는 경우 다음 표현이 모두 가능합니다.

- The movie will be released in both Japan and China. (○)
- The movie will be released both in Japan and in China. (○)

그 영화는 일본과 중국에서 개봉될 것이다.

Happiness is neither related to how we look nor how others see us.

Happiness is related to neither how we look nor how others see us.

행복은 우리가 어떻게 생겼는지 또는 다른 사람들이 우리를 어떻게 보는지와 관련이 없다.

⇣⇣

Happiness is related neither to how we look nor to how others see us.

행복은 우리가 어떻게 생겼는지 또는 다른 사람들이 우리를 어떻게 보는지와 관련이 없다.

❖ 실전문제 | 정확한 대칭을 이루도록 각 문장을 다시 써 보세요.

1. TV not only influences their minds but also their bodies.

➪

2. My choices not only affect myself but also affect people around me.

➪

3. Abortion not only concerns the unborn child but also its mother.

➪

4. I saw not only the world famous actor but also shook hands with him.

➪

5. I could neither accept the invitation nor reject it.

➪

6. The disease is caused by not only genetic factors but also social ones.

➪

7. The phenomenal voice does not come from her innate talent but her strenuous efforts.

➪

8. He was a quiet leader who lead by example, not speeches.

⇨

9. He seemed to learn neither anything nor feel anything.

⇨

10. My parents were upset not because I had missed the curfew but I had lied to them.

⇨

답 | 1. TV influences not only their minds but also their bodies. 2. My choices affect not only myself but also people around me. 3. Abortion concerns not only the unborn child but also its mother. 4. I not only saw the world famous actor but also shook hands with him. 5. I could neither accept nor reject the invitation. 6. The disease is caused not only by genetic factors but also by social ones. 7. The phenomenal voice does come not from her innate talent but from her strenuous efforts. 8. He was a quiet leader who lead by example, not by speeches. 9. He seemed neither to learn nor to feel anything. 10. My parents were upset not because I had missed the curfew, but because I had lied to them.

chapter 3

수식어구의 자리를 바로잡자!

chapter 3

수식어구의 자리를 바로잡자!

영어문장을 부엌에 비유하자면, 문법적으로 없어서는 안 되는 주성분인 주어, 동사, 보어, 목적어는 싱크대, 찬장, 선반, 가스레인지, 냉장고 등에 해당됩니다. 이런 것들이 없으면 우리는 '여기 부엌 맞아?' 하겠지요. 그렇다면, 문법상 없어도 되지만 의미를 제대로 전달하기 위해서 꼭 필요한, 부사나 전치사구 같은 수식어구들은 무엇에 해당할까요? 아무래도 요리하는 칼, 도마, 수저통, 식기, 식기건조대, 수세미, 냉장고에 담긴 요리 재료 같은 것들이 아닐까 합니다. 싱크대나 냉장고처럼 비중이 크진 않지만, 부엌에서 음식을 요리하기 위해서 꼭 필요한 도구들이니까요. 수식어구들을 가장 적절한 위치에 두지 않는 것은, 마치 수저를 냉장고에 보관하거나 야채를 도마 위에서 말라가도록 놓아두는 것과 비슷합니다. 그렇다고 요리를 못할 건 없지만 불편하고 어색해서 최고의 요리를 능률적으로 만들어내긴 어렵겠지요. 문장도 마찬가지입니다. 다음의 예를 보세요.

However, to me, it seems that his judgment is influenced by his emotions always.

이 문장의 뜻은 어렵지 않게 파악할 수 있습니다. 수식어구들의 위치를 제외하고는 잘못된 점이 없기 때문이지요. 그러나 주된 의미 전달에만 만족하지 않고, 전치사구와 부사를 더 적절한 위치로 옮겨 보면 어떨까요?

It seems to me, however, that his judgment is always influenced by his emotions.

어지럽게 흩어져 있는 However, 'to me', always 등의 수식어구를 문장 안에 품어 주면서 적절한 위치에 놓으면 조직이 탄탄해지면서 문장의 힘이 배가됩니다. 야채는 냉장고 야채 칸에 넣고, 수저는 구멍 숭숭 뚫린 수저통에 넣어주듯, 수식어구들을 가장 어울리는 위치에 넣어주는 것은 탄탄하고 명확한 문장구성에 마침표를 찍는 것과 같습니다. 조금 잔신경을 써야 할 뿐 대단한 기술이 필요한 일은 아니지요.

하나의 수식어구가 놓일 적절한 위치가 언제나 명확하게 한 곳만 있는 것은 아니기 때문에, 가끔은 애매하고 헷갈릴 때도 있습니다. 그러나 최소한 확연하게 어색하거나 이유 없이 습관적으로 놓는 위치를 피하면서, 일반적인 원칙에 따라 위치를 바꿔주면 생각보다 큰 효과를 볼 수 있습니다. 소소한 원칙들이 많아 한 번에 익혀지지 않는다면 찬찬히 몇 번 반복해서 읽어 주세요.

전치사구를 옮겨 주세요(1)

😣 Every year the gingko tree bears a lot of nuts in my house.

은행나무는 해마다 우리 집에서 많은 열매를 맺는다.

전치사구 'in my house'의 현재 위치는 문법상으로 이상이 없지만 논리 연결 면에서는 어색합니다. 그것과 의미상 긴밀하게 연관된 말은 '열매를 맺는다'가 아니라 '은행나무'입니다. 은행나무는 우리 집에 심어져 있는 것이지, 사람처럼 이동하며 특별히 어떤 장소에서 어떤 행위를 하는 주체가 아니니까요. 자신이 전달하고자 하는 의미를 정확히 알고 전치사구를 의미상 직결되는 요소에 가깝게 놓아 주세요.

😊 Every year the gingko tree in my house bears a lot of nuts.

우리 집 은행나무는 해마다 많은 열매를 맺는다.

* 비교 | This saturday I will throw a barbecue party in my house. (○)
나는 이번 토요일에 우리 집에서 바비큐 파티를 열 것이다.

Mr. Park explained what happened in the factory to his boss.

박씨는 그의 상사에게 공장에서 무슨 일이 일어났는지 설명했다.

전치사구의 위치를 정돈하지 않을 경우, 이처럼 의미의 혼란까지 생길 수 있습니다. 위의 문장은 공장에서 상사에게 무슨 일이 일어났다는 건지, 공장에서 일어난 일을 상사에게 설명했다는 건지, 아니면 상사에게 일어난 일을 공장에서 설명했다는 건지 분명하지 않습니다. 자신의 의도에 따라 'to his boss' 나 'in the factory' 를 적절하게 옮겨 줘야 의미전달이 탄탄하고 명확해집니다.

Mr. Park explained what happened to his boss in the factory.

박씨는 그의 상사가 공장에서 겪은 일을 설명했다.

Mr. Park explained to his boss what happened in the factory.

박씨는 그의 상사에게 공장에서 무슨 일이 일어났는지 설명했다.

Mr. Park explained in the factory what happened to his boss.

박씨는 공장에 와서 그의 상사가 겪은 일을 설명했다.

Colorful birds were twittering to visitors in their cages.

여러 빛깔의 새들이 방문객들을 향해 새장에서 지저귀고 있었다.

⇣⇣

Colorful birds in their cages were twittering to visitors.

여러 빛깔의 새들이 새장에서 방문객들을 향해 지저귀고 있었다.

As soon as I started on my study, many other things like devils disrupted my concentration.

공부를 시작하자마자 , 악마와 같은 많은 다른 것들이 나의 집중력을 흩뜨려 놓았다.

⇣⇣

As soon as I started on my study, many other things disrupted my concentration like devils.

공부를 시작하자마자, 많은 다른 것들이 악마처럼 나의 집중력을 흩뜨려 놓았다.

전치사구를 옮겨 주세요 (2)

☹ At an annual conference, Professor Whyte warned that if taken to extremes, exercise can do more harm than good.

한 연례회의에서 화이트 교수는 극단적으로 갈 경우 운동은 좋은 점보다 해로운 점이 더 많을 수 있다고 경고했다.

전치사구 'At an annual conference'의 쓰임은 문법적으로는 이상이 없지만, 중요한 것은 중요한 자리에, 그보다 덜 중요한 것은 덜 중요한 자리에 놓는 문장 정돈의 취지에 맞지 않습니다. 영어에서는 문장의 머리와 끝이 강조를 하는 중요한 위치이므로, 전치사구의 내용이 불특정하거나 특별한 비중이 없을 때는 문장 머리와 끝을 피해서 놓아주는 게 좋습니다. 그리고 전치사구를 문장 안에 넣을 때는 대체로 'be동사 뒤, 동사와 보어 사이, 동사와 목적어 사이'가 적절합니다.

☺ Professor Whyte warned at an annual conference that if taken to extremes, exercise can do more harm than good.

화이트 교수는 한 연례회의에서 극단적으로 갈 경우 운동은 좋은 점보다 해로운 점이 더 많을 수 있다고 경고했다.

* 비교 | 정관사 the가 들어 있는 특정한 내용이나, 고유명사 및 비중 있는 내용이 올 때는 문장 머리나 끝에 옵니다.

· At the 27th annual conference, Professor Whyte warned of the danger of excessive exercise.

제 27회 연례회의에서 화이트 교수는 지나친 운동의 위험에 대해 경고했다.

· Professor Whyte warned of the danger of excessive exercise back in 1999.

화이트 교수는 지난 1999년도에 지나친 운동의 위험에 대해 경고했다.

* 주의 | 문장 머리나 끝에 잘 오지 않는 전치사구의 예:

· for many years, in many ways, in a sense, to some extent, for centuries

문장 머리나 끝에 잘 오는 전치사구의 예:

· for one year, three days ago, five years later, in 1995, During 1990s, as a writer, to elementary school students

To some degree, most people are on the watch for weight change.

어느 정도는 대부분의 사람들이 자신들의 체중 변화에 신경을 쓰고 있다.

↓↓

Most people are to some degree on the watch for weight change.

대부분의 사람들이 어느 정도는 자신들의 체중 변화에 신경을 쓰고 있다.

The two scholars presented completely opposite views in their books.

두 학자는 정반대의 견해를 그들의 책에서 제시하였다.

↓↓

The two scholars presented in their books completely opposite views.

두 학자는 그들의 책에서 정반대의 견해를 제시하였다.

❖ 실전문제 | 밑줄 친 전치사구를 알맞은 위치로 옮겨 보세요.

1. I asked my mother, "What happened?" in surprise.

⇨

2. The blue sky was like the ocean without a speckle of cloud.

⇨

3. The books are worn out on the desk.

⇨

4. I chased a cute girl who was totally indifferent to me for one year.

⇨

5. The park is full of spring flowers and fresh leaves in my neighborhood.

⇨

6. Even though Dr. House is able to cure almost all diseases, his patients are just guinea pigs trapped in his laboratory to him.

⇨

7. Controlling oneself is much harder than controlling others in many ways.

⇨

8. I have learned a valuable lesson from this experience: Nothing can stop me but myself.

⇨

9. The singer insisted that the agent company had broken the contract first on her blog.

⇨

10. That emotional crisis was caused by his lack of confidence to some extent.

⇨

11. I bought three years ago a copy of a rare edition of *Hamlet* in a second-hand bookshop.

⇨

답 | 1. I asked my mother in surprise, "What happened?" 2. The blue sky without a speckle of cloud was like the ocean. 3. The books on the desk are worn out. 4. I chased for one year a cute girl who was totally indifferent to me. 5. The park in my neighborhood is full of spring flowers and fresh leaves. 6. Even though Dr. House is able to cure almost all diseases, his patients are to him just guinea pigs trapped in his laboratory. 7. Controlling oneself is in many ways much harder than controlling others. 8. I have learned from this experience a valuable lesson: Nothing can stop me but myself. 9. The singer insisted on her blog that the agent company had broken the contract first. 10. That emotional crisis was to some extent caused by his lack of confidence. 11. Three years ago, I bought in a second-hand bookshop a copy of a rare edition of *Hamlet*.

Especially를 옮겨 주세요

☹ French cuisine is famous for its rich, distinctive flavor. Especially French wine has been widely loved.

프랑스 요리는 그 풍부하고 독특한 풍미로 유명하다. 특히 프랑스 와인은 널리 사랑받아 왔다.

especially는 두 문장을 잇는 접속부사입니다. 우리말에서는 문장 머리에 '특히'를 많이 쓰기 때문에, 우리는 자주 이 단어로 문장을 시작합니다. 그러나 영어에서는 접속부사가 문장 앞에 오는 것은 상당히 어색하며, 특히 이 단어는 문장 머리에 거의 오지 않습니다. 두 개의 나무판을 이어주는 못이나 나사가 너무 눈에 띄면 흉하므로 되도록 이음새를 매끄럽게 해주는 것과 같은 원리가 아닐까요? 우선, especially가 주어를 수식할 때는 주어 뒤에 와야 함을 기억합시다.

☺ French cuisine is famous for its rich, distinctive flavor. French wine especially has been widely loved.

프랑스 요리는 그 풍부하고 독특한 풍미로 유명하다. 그 중에서도 특히 프랑스 와인은 널리 사랑받아 왔다.

* 주의 | 주어를 수식할 경우 especially 앞 뒤로 쉼표를 안 찍어도 되지만, 동사를 수식하지 않음을 분명히 해주고 싶을 때는 쓸 수도 있습니다.

· Many people opposed importing the U.S beef. Teenage girls, especially, disliked the government's decision.

많은 사람들이 미국 쇠고기 수입에 반대했다. 그중에서도 특히 십대 소녀들이 정부의 결정을 좋아하지 않았다.

😣 My friend is a computer whiz. He especially excels in Microsoft Office.

내 친구는 컴퓨터 도사다. 특히 그는 MS 오피스에 뛰어나다.

especially가 수식하는 내용이 전치사구이거나 부사구, 부사절이면 바로 그 앞에 놓습니다.

😊 My friend is a computer whiz. He excels especially in Microsoft Office.

내 친구는 컴퓨터 도사다. 그는 특히 MS 오피스에 뛰어나다.

😣 I love to read novels. I like especially Latin-American novels.

나는 소설 읽기를 매우 좋아한다. 특히 남미 소설을 좋아한다.

especially로는 목적어(명사, 명사구, 명사절)를 직접 수식할 수 없습니다. 첫째, 부사가 명사를 수식할 수 없다는 일반 원칙에 어긋납니다. 둘째, especially는 접속부사이기 때문에 앞에 연관된 내용이 없는데 갑자기 나오는 것은 어색합니다. 이 부사가 의미상 목적어를 수식하는 경우는, 언제나 그 목적어가 앞 문장에서 언급된 내용의 일부이므로 독립절로 쓰기보다는 다음과 같이 한 문장으로 합치거나, 동사를 수식하도록 하는 것이 좋습니다.

☺ I love to read novels, especially Latin-American novels.

나는 소설 읽기를 매우 좋아하는데, 그 중에서도 특히 남미 소설을 좋아한다.

I love to read novels. I especially like Latin-American novels.

나는 소설 읽기를 매우 좋아한다. 특히 남미 소설을 좋아한다.

* 비교 | especially가 형용사를 수식하도록 문장을 구성할 수도 있습니다.

· I love to read novels. I find Latin-American novels especially interesting.

나는 소설 읽기를 매우 좋아한다. 특히 남미소설이 흥미롭다는 것을 알았다.

* 주의 | especially는 접속부사이므로 앞 문장과 의미상 연결되지 않는 상황에서는 사용하지 않습니다. 그냥 'I love to read Latin-American novels', 'I like Latin-American novels very much' 라는 표현들로 충분합니다.

Especially the president cannot avoid the responsibility because he authorized the attack.

특히 그 대통령이 공격을 허가했기 때문에 책임을 회피할 수 없다.

⇣⇣

The president especially cannot avoid the responsibility because he authorized the attack

공격을 허가했기 때문에 특히 그 대통령은 책임을 회피할 수 없다.

The president cannot avoid the responsibility especially because he authorized the attack.

특히 공격을 허가했다는 이유로 그 대통령은 책임을 회피할 수 없다.

I could never forget especially the starry sky that I saw in the mountain.

나는 특히 산에서 본 별이 가득한 하늘을 결코 잊을 수 없었다.

⇣⇣

I could never forget the beautiful scenery of the mountain, especially the starry sky.

나는 그 산의 아름다운 풍경 중에서도 특히 별이 가득한 하늘을 결코 잊을 수 없었다.

However를 옮겨 주세요

I don't like to talk with a stubborn person. However, I become very stubborn when arguing with others.

나는 완고한 사람과 이야기하는 걸 좋아하지 않는다. 그러나 다른 사람들과 논쟁할 때면 내가 매우 완고해진다.

접속부사 however는 especially와 달리 간혹 문장 머리에 올 수 있습니다. however를 문장 머리에 쓸 수 있느냐 없느냐는 아직 학자들 사이에서도 확실한 의견일치가 없습니다만, 우리는 자주 습관적으로 문장 머리에 놓는 경향이 있습니다. however를 너무 자주 쓰는 것 자체가 좋지 않으니, 없어도 되면 빼는 것이 우선이고, 다른 표현으로 대체할 수 있으면 대체합시다. 그래도 꼭 써야겠으면 문장 머리보다는 되도록 문장 안으로 넣어 주는 것이 탄탄한 문장 구성에 더 도움이 됩니다.

I don't like to talk with a stubborn person, but I become very stubborn when arguing with others.

I don't like to talk with a stubborn person; however, I become very stubborn when arguing with others.

I don't like to talk with a stubborn person. I become, however, very stubborn when arguing with others.

완고한 사람과 이야기하는 걸 좋아하지 않으면서 다른 사람들과 논쟁할 때면 나는 매우 완고해진다.

* 비교 | however를 문장 안에 넣는 일반적인 원칙들을 알아둡시다.

1. 부사 · 전치사구나 부사절이 그리 길지 않으면 그 뒤에 놓고, 길면 그냥 문장 앞에 둡니다.

· This problem, however, raised other issues.
그러나 이 문제는 다른 문제를 일으킨다.

· Interestingly, however, he never mentioned his plan.
그러나 흥미롭게도 그는 자기 계획을 한 번도 언급하지 않았다.

· Despite these limitations, however, this essay is worth reading.
그러나 이러한 한계들에도 불구하고 이 에세이는 읽을 만한 가치가 있다.

· However, after I entered the foreign language high school, I became addicted to computer games and fictions.
그러나 외고에 들어간 이후에 나는 컴퓨터 게임과 소설에 중독되고 말았다.

2. 주어가 대명사이면 동사 뒤에 놓습니다.

· It is not, however, the point.
그러나 그것이 핵심은 아니다.

· We recognized, however, that all our efforts were lost on them.
그러나 우리는 우리의 모든 노력이 그들에겐 소용이 없다는 것을 깨달았다.

3. 주어가 대명사이거나 너무 길고, 문장 전체가 짧으면 문장 끝에 놓을 수도 있습니다.

· They were fairly persistent in inviting us, however.
그러나 그들은 우리를 초대하는 데 꽤 집요했다.

I stopped calling and texting my friends in order to study. However, a few days later, I began to miss them terribly.

공부하기 위해 나는 친구들에게 전화도 문자 메시지도 끊었다. 그러나 며칠이 지나자 친구들이 몹시 그리워지기 시작했다.

⇣⇣

I stopped calling and texting my friends in order to study. A few days later, however, I began to miss them terribly.

공부하기 위해 나는 친구들에게 전화도 문자 메시지도 끊었다. 그러나 며칠이 지나자 친구들이 몹시 그리워지기 시작했다.

I like to make my friends laugh with my jokes. If people ask me first to make them laugh, however, I suddenly feel uncomfortable.

나는 농담으로 친구들 웃기기를 좋아한다. 만일 사람들이 먼저 웃겨달라고 하면 그러나 갑자기 불편함을 느낀다.

⇣⇣

I like to make my friends laugh with my jokes, but if people ask me first to make them laugh, I suddenly feel uncomfortable.

I like to make my friends laugh with my jokes; however, if people ask me first to make them laugh, I suddenly feel uncomfortable.

I like to make my friends laugh with my jokes.
However, if people ask me first to make them laugh,
I suddenly feel uncomfortable.

나는 농담으로 친구들 웃기기를 좋아하지만 만일 사람들이 먼저 웃겨달라고 하면 갑자기 불편함을 느낀다.

❖ 실전문제 | 밑줄 친 especially나 however를 알맞은 위치로 옮겨 주세요. 필요한 경우 문장을 다시 써주세요.

1. I recommend to you Lime Blossom tea or Chamomile tea. Especially Lime Blossom tea will help rejuvenate your mind and body.

⇨

2. This software program has been used by many internet users. Especially the younger generations have loved it.

⇨

3. I easily become an impulsive spender. Especially I can't control myself in a department store.

⇨

4. I was terrified watching the horror movie. However, I couldn't stop looking at the screen until I found out who the killer was.

⇨

5. However, due to her success, she couldn't live with her family.

⇨

6. However, they worried that I might not be able to keep my promise.

⇨

7. However, his explanation about how to use the system was obscure.

⇨

8. When I voiced my objection to his plan, however, he just listened calmly.

⇨

답 | 1. I recommend to you Lime Blossom tea or Chamomile tea. Lime Blossom tea especially will help rejuvenate your mind and body. 2. This software program has been used by many internet users. The younger generations especially have loved it./ This software program has been loved especially by the younger generations. 3. I easily become an impulsive spender. I can't control myself, especially in a department store./ I easily become an impulsive spender, especially in a department store. 4. I was terrified watching the horror movie, but I couldn't stop looking at the screen until I found out who the killer was./ I was terrified watching the horror movie; however, I couldn't stop looking at the screen until I found out who the killer was./ I was terrified watching the horror movie. I couldn't, however, stop looking at the screen until I found out who the killer was. 5. Due to her success, however, she couldn't live with her family. 6. They worried, however, that I might not be able to keep my promise. 7. His explanation about how to use the system was obscure, however. 8. However, when I voiced my objection to his plan, he just listened calmly.

부사를 옮겨 주세요 (1) - 목적어가 있는 경우

😣 Still, I remember how happy my father was.

지금까지도 아빠가 얼마나 행복해하셨는지 기억한다.

😊 I still remember how happy my father was.

아빠가 얼마나 행복해하셨는지 지금도 기억한다.

😣 I watch sports channels sometimes.

나는 스포츠 채널을 가끔씩 본다.

😊 I sometimes watch sports channels.

나는 가끔씩 스포츠 채널을 본다.

앞 문장과의 연결고리인 still, also, then과 같은 접속부사나 always, often, sometimes, hardly와 같은 빈도부사는 동사 앞에 놓습니다. 이러한 부사들은 주어가 짧은 경우 가끔 문장 머리에 오기도 하고, 말을 할 때는 문장 끝에 오기도 합니다. 그러나 글에서는 동사 앞에 쓰는 경우가 훨씬 많아야 하고, 문장 끝이나 동사 뒤에 놓는 일은 피해야 합니다.

☹ I praised him to expedite his progress, constantly.

그의 발전에 꾸준히 가속을 붙이기 위해 그를 칭찬했다.

일반부사의 경우 접속부사나 빈도부사만큼 엄격하게 동사 앞을 고집하지는 않습니다만, 대체로 동사 앞에 옵니다. 목적어가 있을 때는, 목적어 때문에 부사가 동사로부터 너무 멀리 떨어질 위험도 있고, 위의 예문처럼 to부정사나 전치사구 등에 있는 다른 동사를 꾸미는 것으로 오해받을 수도 있답니다. 그러니 부사가 주동사를 꾸밀 때는 바로 그 앞이 가장 안전한 자리가 되는 것입니다. 다만 그러한 위험이 전혀 없는 경우에는 목적어 뒤에 부사가 와도 좋습니다.

☺ I constantly praised him to expedite his progress.

그의 발전에 가속을 붙이기 위해 그를 꾸준히 칭찬했다.

* 비교 | 목적어가 짧거나, 여러 개의 부사가 함께 쓰이면서 오해의 소지가 없을 때는 목적어 뒤에 올 수도 있습니다.

- She knew it already. (○)

  그녀는 그것을 이미 알고 있었다.

- Children accept violence gradually and unconsciously. (○)

  아이들은 서서히 그리고 무의식적으로 폭력을 받아들인다.

😣 I want secretly people around me to appreciate my sense of humor.

나는 남몰래 내 주변 사람들이 나의 유머감각을 알아주기를 바란다.

위험 요소가 없을 때는 일반부사를 동사 뒤에 놓을 수 있지만, 동사와 목적어 사이를 갈라놓지 않도록 주의합시다.

😊 I secretly want people around me to appreciate my sense of humor.

나는 내 주변 사람들이 나의 유머감각을 알아주기를 남몰래 바란다.

* 비교 | 목적어가 that절일 때는 부사가 동사와 목적어 사이에 올 수도 있습니다.

- Research clearly shows that asthma can be cured. (○)
- Research shows clearly that asthma can be cured. (○)

연구결과는 천식이 치료될 수 있음을 명백히 보여준다.

I jotted down his testimony in the courtroom. Also, I tape-recorded it just in case.

법정에서 그의 증언을 받아 적었다. 또한 만일을 대비하여 그것을 녹음해 두었다.

⇣⇣

I jotted down his testimony in the courtroom. I also tape-recorded it just in case.

법정에서 그의 증언을 받아 적었다. 만일을 대비하여 그것을 또한 녹음해 두었다.

Music enriches my life always.

음악은 나의 삶을 풍성하게 늘 해준다.

⇣⇣

Music always enriches my life.

음악은 나의 삶을 늘 풍성하게 해준다.

I considered seriously filing a lawsuit against the food company.

그 식품회사에 진지하게 소송을 걸어볼 것을 고려했다.

⇣⇣

I seriously considered filing a lawsuit against the food company.

그 식품회사에 소송을 걸어볼 것을 진지하게 고려했다.

부사를 옮겨 주세요 (2) - 보어가 있는 경우

(T.T) Soon, it became obvious that it was no ordinary pine tree.

곧 그것이 보통 소나무가 아니라는 것이 분명해졌다.

(^^) It soon became obvious that it was no ordinary pine tree.

그것이 보통 소나무가 아니라는 것이 곧 분명해졌다.

(T.T) She seems to be happy always.

언제나 그녀는 행복한 것 같다.

(^^) She always seems to be happy.

그녀는 언제나 행복한 것 같다.

보어가 있는 자동사의 경우, 타동사와 마찬가지로 접속부사와 빈도부사는 대부분 동사 앞에 옵니다. slowly, quickly, recently와 같은 일반부사도, 그것이 의미상 보어를 꾸미지 않는 한, 동사 앞에 둡니다.

* 주의 | 의미상 보어를 꾸미는 부사는 그 보어 앞에 둡니다.

- Viewer ratings relatively remained high in the first two months. (×)
  첫 두 달 동안에는 시청률이 높게 비교적 유지되었다.
- Viewer ratings remained relatively high in the first two months. (○)
  첫 두 달 동안에는 시청률이 비교적 높게 유지되었다.

Still, it remains a mystery.

여전히 그것은 수수께끼로 남아 있다.

↓↓

It still remains a mystery.

그것은 여전히 수수께끼로 남아 있다.

At room temperature, this liquid turns into gas quickly.

실내 온도에서 빠르게 이 액체는 가스로 변한다.

↓↓

At room temperature, this liquid quickly turns into gas.

실내 온도에서 이 액체는 빠르게 가스로 변한다.

부사를 옮겨 주세요 (3) - 보어가 없는 자동사의 경우

😩 I looked at the glimmering starlight steadily.

물끄러미 가물거리는 별빛을 바라보았다.

목적어나 보어가 없는 1형식 자동사의 경우, 일반부사들은 동사의 앞뒤에 다 올 수 있지만 대개 동사 바로 뒤에 옵니다. 동사 다음에 중요한 문장 성분이 오지 않는다는 뜻이지요. 한편, 위의 문장처럼 동사 뒤에 전치사구가 있을 때 문장의 맨 끝에 부사를 놓기 쉬운데, 그보다는 동사와 전치사구 사이가 훨씬 더 알맞은 자리입니다. 부사 steadily가 동사 looked와 가까워지면서 동시에, 동사와 전치사구를 양팔에 끼고 자신을 포함한 세 요소 간의 의미 연결을 더욱 긴밀하게 해주기 때문이지요.

😊 I looked steadily at the glimmering starlight.

가물거리는 별빛을 물끄러미 바라보았다.

* 비교 | 전치사구가 매우 짧을 때는 문장 끝에 놓기도 합니다.

- I looked steadily at him. (○)
- I looked at him steadily. (○)

* 주의 | 접속부사와 빈도부사는 여전히 동사의 앞에 와야 합니다.

- It still snows in Jeju Island.
  제주도에는 여전히 눈이 온다.
- I often sleep in unusual positions.
  나는 종종 특이한 자세로 잔다.

When a baby is born, child-care responsibility mainly rests on the mother.

아이가 태어나면 주로 보육의 책임은 어머니에게 맡겨진다.

'rest on', 'depend on', 'consist of', 'differ from', 'lie in'과 같이 항상 전치사구가 따라붙는 표현이 있을 때에도 부사가 의미상 동사뿐 아니라 전치사구와도 긴밀히 연결되므로 꼭 동사와 전치사구 사이에 와야 합니다.

When a baby is born, child-care responsibility rests mainly on the mother.

아이가 태어나면 보육의 책임은 주로 어머니에게 맡겨진다.

The sun sank into the dark blue sea slowly.

천천히 해가 질푸른 바다 속으로 가라앉았다.

⇣⇣

The sun sank slowly into the dark blue sea.

The sun slowly sank into the dark blue sea.

해가 질푸른 바다 속으로 천천히 가라앉았다.

The staff primarily consists of retired nurses and social workers.

주로 직원들은 은퇴한 간호사와 사회 활동가들로 구성된다.

⇣⇣

The staff consists primarily of retired nurses and social workers.

직원들은 주로 은퇴한 간호사와 사회 활동가들로 구성된다.

❖ 실전문제 | 밑줄 친 부사를 알맞은 위치로 옮겨 주세요.

1. Still a large number of students choose to continue their study in Korea.

⇨

2. Usually, when an emergency situation occurs, I stay calm.

⇨

3. I still remember how happy he was, vividly.

⇨

4. My shyness makes me appear indifferent to others frequently

⇨

5. Our appetite began to grow. Even we had double portion of rice and side dishes.

⇨

6. I closed the door. Then, I realized I had left my bag in the office.

⇨

7. As a result, I became an egotistical person. Also, I became a workaholic.

⇨

8. It turned out to be the biggest hit song of 2007, unexpectedly.

⇨

9. His mother talked to the principal directly.

⇨

10. I learn more effectively often when I am rewarded rather than punished.

⇨

11. When finding the cause of an eating disorder, we mainly focus on psychological reasons.

⇨

12. The cause of your failure lies in your attitude partially.

⇨

13. Foreign workers in Korea mainly come from Southeast Asian countries.

⇨

답 | 1. A large number of students still choose to continue their study in Korea. 2. When an emergency situation occurs, I usually stay calm. 3. I still vividly remember how happy he was. 4. My shyness frequently makes me appear indifferent to others. 5. Our appetite began to grow. We even had double portion of rice and side dishes. 6. I closed the door. I then realized I had left my bag in the office. 7. As a result, I became an egotistical person. I also became a workaholic. 8. It unexpectedly turned out to be the biggest hit song of 2007.
9. His mother talked directly to the principal. 10. I often learn more effectively when I am rewarded rather than punished. 11. When finding the cause of an eating disorder, we focus mainly on psychological reasons. 12. The cause of your failure lies partially in your attitude. 13. Foreign workers in Korea come mainly from Southeast Asian countries.

부사를 옮겨 주세요 (4) - be동사가 있는 경우

😞 Also, I am active and energetic usually.

또한 보통 나는 활발하고 활기 넘친다.

동사가 be동사인 경우는 어떤 종류의 부사든(앞서 언급한 especially 용법 제외) 대부분 be동사 뒤에 둡니다.

😊 I am also usually active and energetic.

나는 또한 보통 활발하고 활기 넘친다.

😞 For thirteen months, I was entirely devoted to writing a novel.

13개월 동안 나는 소설 쓰는 데 완전히 몰두했다.

위의 문장처럼 be동사 바로 뒤에 부사를 두는 것도 꼭 틀리진 않습니다. 그러나 'be devoted to'처럼 수동태를 취하면서 뒤에 숙어와 같은 전치사구가 올 때는, 부사를 전치사구 바로 앞에 두어 둘 사이의 의미 연결을 더욱 긴밀히 해주는 것이 좋습니다.

😊 For thirteen months, I was devoted entirely to writing a novel.

13개월 동안 나는 소설 쓰는 데 완전히 몰두했다.

Although reading classical novels was boring sometimes, I never skipped a lesson.

가끔씩 고전소설 읽기가 지루하긴 했지만 나는 수업에 빠진 적이 한 번도 없었다.

⇣⇣

Although reading classical novels was sometimes boring, I never skipped a lesson.

고전소설 읽기가 가끔씩 지루하긴 했지만 나는 수업에 빠진 적이 한 번도 없었다.

This product is mainly purchased by companies, not individuals.

주로 이 상품은 개인이 아닌 회사들이 구매한다.

⇣⇣

This product is purchased mainly by companies, not individuals.

이 상품은 주로 개인이 아닌 회사들이 구매한다.

부사를 옮겨 주세요 (5) - 조동사가 있는 경우

😣 We should be also aware of the danger.

우리는 그 위험을 또한 인식해야 한다.

조동사 뒤에 be동사가 오는 경우, 접속부사나 빈도부사를 be동사 뒤에 쓰는 일이 흔하지만, 이때도 부사를 조동사 바로 뒤에 넣는 것이 가장 알맞습니다. 아버지를 아무리 존경해도 할아버지가 계시면 먼저 수저를 놔드리는 것이 마땅한 것처럼 말이지요.

😊 We should also be aware of the danger.

우리는 그 위험을 또한 인식해야 한다.

* 비교 | 1. 접속부사와 빈도부사는 거의 모든 경우 조동사 바로 다음에 둡니다.

- We can always enjoy fresh salads and pastas.
  우리는 언제나 신선한 샐러드와 파스타를 즐길 수 있다.

2. 일반부사는 무조건 조동사 뒤가 아니라, 그것이 꾸미는 말 바로 앞에 옵니다.

- Sexual harrassment should specifically be defined. (×)
  구체적으로 성희롱은 정의되어야 한다.
- Sexual harrassment should be specifically defined. (○)
  성희롱은 구체적으로 정의되어야 한다.

I can't get along with people who are too serious in everything easily.

나는 모든 일에 쉽게 너무 진지해지는 사람들과는 잘 어울리지 못한다.

일반 부사는 앞서 설명한 대로 목적어와 보어의 유무, 그 길이에 따라 알맞게 넣어주면 되지만, 목적어나 동사 부분이 너무 길거나 의미의 혼란이 생길 수 있을 때에는 조동사 뒤에 넣습니다.

I can't easily get along with people who are too serious in everything.

나는 모든 일에 너무 진지해지는 사람들과는 쉽게 어울리지 못한다.

The bird house might be still there.

그 새집이 거기에 여전히 있을지도 모른다.

⇣⇣

The bird house might still be there.

그 새집이 여전히 거기에 있을지도 모른다.

Anyone can enter a room whose window is broken easily.

창문이 쉽게 깨지는 그 방에는 누구든 들어갈 수 있다.

⇣⇣

Anyone can easily enter a room whose window is broken.

창문이 깨져 있는 방에는 누구든 쉽게 들어갈 수 있다.

부사를 옮겨 주세요 (6) - 완료시제가 있는 경우

😣 I always have believed what goes around comes around.

언제나 나는 사람은 주는 대로 받는 거라고 믿어 왔다.

😊 I have always believed what goes around comes around.

나는 언제나 사람은 주는 대로 받는 거라고 믿어 왔다.

😣 The promise between my friend and me has been almost forgotten.

내 친구와 나 사이의 그 약속은 거의 잊혀졌다.

😊 The promise between my friend and me has almost been forgotten.

내 친구와 나 사이의 그 약속은 거의 잊혀졌다.

완료시제 문장에서 접속부사나 빈도부사를 쓸 때는, 문장이 능동태든 수동태든 반드시 완료조동사 바로 뒤에 넣어 줍니다. 일반부사도 대체로 같은 위치에 놓지만, 어떤 말을 꾸미느냐에 따라 충분히 그 위치가 달라질 수 있습니다.

* 주의 | 일반부사가 형용사나 부사구, 전치사구 등을 꾸밀 때는 꾸미는 말 바로 앞에 놓습니다.

- I had been dangerously close to losing the battle against diabetes.
  당뇨와의 싸움에서 패배할 상황에 위험할 정도로 가깝게 갔었다.
- This term has been used primarily to refer to digital satellite broadcasting.
  이 용어는 주로 디지털 위성방송을 가리키는 데 사용되어 왔다.

I usually have kept superficial relationships with my coworkers.

보통 나는 직장 동료들과는 피상적인 관계를 유지해 왔다.

↓↓

I have usually kept superficial relationships with my coworkers.

나는 직장 동료들과는 보통 피상적인 관계를 유지해 왔다.

Also, I have been thinking of buying a new car.

또한 나는 새 차를 살 생각을 해왔다.

↓↓

I have also been thinking of buying a new car.

나는 또한 새 차를 살 생각을 해왔다.

❖ 실전문제 | 밑줄 친 부사를 알맞은 위치로 옮겨 주세요.

1. Once I was crazy about Japanese ramen, so I visited almost all the Japanese restaurants in Seoul.

⇨

2. My aunt easily is taken in by a silver-tongued man.

⇨

3. Another economic crisis is raising its ugly head again.

⇨

4. You are solely graded on the quality of your work.

⇨

5. This year public attention is mainly focused on economic issues.

⇨

6. The computers might not be always connected to the network.

⇨

7. The disease can be rarely caused by infections.

⇨

8. The victims should properly be buried.

⇨

9. Such an unpleasant task must freely be undertaken.

⇨

10. You might find it hard to believe, but I actually have been to the Antarctic.

⇨

11. Their musical talent has been distinguished always.

⇨

12. Recently the age-old debate over parody has entered a new phase due to the expansion of cyberspace.

⇨

답 | 1. I was once crazy about Japanese ramen, so I visited almost all the Japanese restaurants in Seoul. 2. My aunt is easily taken in by a silver-tongued man. 3. Another economic crisis is again raising its ugly head. 4. You are graded solely on the quality of your work. 5. This year public attention is focused mainly on economic issues. 6. The computers might not always be connected to the network. 7. The disease can rarely be caused by infections. 8. The victims should be properly buried. 9. Such an unpleasant task must be freely undertaken. 10. You might find it hard to believe, but I have actually been to the Antarctic. 11. Their musical talent has always been distinguished. 12. The age-old debate over parody has recently entered a new phase due to the expansion of cyberspace.

기타 어색한 배열을 정돈해 주세요

☹ As I was about to sign up for the speech contest, worrying about my grades, my homeroom teacher talked me out of it.

내 성적을 걱정하며 내가 연설 대회에 참가 신청하려 하자, 담임 선생님께서 나를 설득하여 단념하게 하셨다.

'worrying about my grades' 처럼 부사절과 주절 사이에 있는 분사구문은 앞에 있는 부사절의 주어와 호응해야 합니다. 위의 문장은 걱정하는 주체가 '나' 가 되므로 의미가 어색해집니다. 이러한 분사를 주절의 주어와 호응시키려면, 그 위치를 주절의 주어 뒤나 아예 주절 뒤로 옮겨 줘야 합니다.

☺ As I was about to sign up for the speech contest, my homeroom teacher, worrying about my grades, talked me out of it.

내가 연설 대회에 참가 신청하려 하자, 내 성적을 걱정하신 담임 선생님께서 나를 설득하여 단념하게 하셨다.

As I was about to sign up for the speech contest, my homeroom teacher talked me out of it, worrying about my grades.

내가 연설 대회에 참가 신청하려 하자, 담임 선생님께서 내 성적을 걱정하시며 나를 설득하여 단념하게 하셨다.

I didn't accept her heart when she revealed it and chose to be just friends.

그 아이가 자신의 마음을 밝히고 그냥 친구로 지내기로 했을 때 나는 그것을 받아들이지 않았다.

I라는 주어 하나에 동사 둘 ('didn't accept', chose)이 있습니다. 이런 상황에서 그 동사들 사이에 부사절을 넣으면 혼란스러워집니다. 위의 문장처럼 두 번째 동사 chose의 주어가 I인지 she인지 분명하지 않게 되는데, 특히 시제가 모두 같은 경우는 더욱 그렇습니다. 이럴 때는 부사절을 문장 앞으로 확실히 빼줍니다.

When she revealed her heart, I didn't accept it and chose to be just friends.

그 아이가 마음을 밝혔을 때 나는 그 마음을 받아들이지 않고 그냥 친구로 지내기로 했다.

The committee hasn't made its final decision yet.

위원회는 아직 최종 결정을 내리지 않았다.

'아직'을 뜻하는 yet이라는 부사는 말할 때는 주로 문장 끝에 쓰지만, 글을 쓸 때는 부정어 not 뒤에 씁니다.

The committee hasn't yet made its final decision.

위원회는 아직 최종 결정을 내리지 않았다.

I know ways to effectively save money.

효과적으로 돈 모으는 방법을 알고 있다(?)

부사가 to부정사에 있는 동사를 수식하는 경우는 주의를 요합니다. 가급적이면 to와 동사를 갈라놓지 않는 게 좋으므로, to부정사 뒤에 있는 목적어가 길지 않을 때는 부사를 목적어 뒤에 써야 합니다.

I know ways to save money effectively.

효과적으로 돈 모으는 방법을 알고 있다.

* 비교 | 목적어가 길어서 동사와 부사의 거리가 너무 멀어질 경우는 to와 동사 사이에 놓습니다.

- I know ways to effectively save the money you earned working part-time. (○)

  네가 아르바이트해서 번 돈을 효과적으로 모을 방법을 알고 있다.

chapter 4

명확한 어휘로 탄탄한 문장을 완성하자!

chapter 4

명확한 어휘로 탄탄한 문장을 완성하자!

나는 방과 후에 동생에게 구구단 외우는 법을 가리켰다.

위 문장에서 무엇이 어색한지 금방 아실 겁니다. 지식에 해당하는 추상적인 내용을 설명할 때는 '가르치다' 가 맞고, 손가락 따위로 지시할 때는 '가리키다' 를 쓰니까요. '가리켰다' 를 그대로 쓰려면 '동생에게 구구단표를 가리켰다' 는 식으로 목적어를 바꾸어야 합니다. 우리가 이 두 단어를 자주 혼동하는 이유는 두 단어의 의미나 발음, 용법이 다소 비슷하기 때문입니다.

우리가 쓰는 영어문장에서도 이같은 문제가 자주 발생합니다. 이와 같은 잘못된 어휘 선택이 위험한 이유는 눈에 띄는 문법적 오류가 아니기 때문에 그냥 지나치기 쉽고, 또한, 그것이 단순히 어휘의 문제에 그치지 않고, 다른 문장 요소의 기능이나 탄탄하고 명확한 의미 구성을 방해하기 때문입니다. 다음의 예를 보세요.

① My aunt forbade us to pick flowers in her garden.

② My aunt forbade us to pick up flowers in her garden.

pick과 'pick up'은 의미, 발음, 용법이 매우 비슷해서 종종 혼동할 수 있지만, 두 단어 사이에는 명백한 의미 차이가 있습니다. pick은 아직 가지에 매달려 있는 꽃이나 열매를 딴다는 뜻이고, 'pick up'은 땅에 떨어진 것을 주워 올린다는 뜻이지요. 어떤 표현을 선택하는가에 따라, 주어인 '우리 고모(My aunt)'의 성격과 목적어 '우리(us)'가 꽃에게 하는 행동 등이 적잖이 달라집니다.

1권에서 어휘 공부가 글쓰기의 시작이자 끝이라고 말씀드렸습니다. 어휘 공부의 '끝'은 좋은 끝, 나쁜 끝이 따로 없겠지만, 그 '시작'은 좀 더 실속 있고 효과적인 시작과 그렇지 않은 시작이 있다고 생각합니다. 위와 같이 미묘한 차이로 문장의 탄탄한 의미 구성에 장애를 주는, 비슷하지만 다른 어휘들의 차이를 명확히 알아두는 것이야말로 정말 실속 있고 효과적인 어휘 공부의 시작이지 않을까요. 우리가 이미 많이 겪어온 혼동을 바로잡으면 어휘뿐 아니라, 의미와 형식 구성에 빈틈이 없는, 탄탄한 문장 쓰기에 큰 도움이 될 것입니다.

비슷하지만 다른 동사(구) 모음

😢 I found out my purse that I had lost two days ago.

이틀 전에 잃어버린 내 지갑을 알아냈다.

find out	만질 수 없는 것, 즉 추상적인 사실이나 진실이 목적어로 옵니다.
find	사람이나 물건 등 물리적인 대상이 목적어로 옵니다.

😊 I found out that I had lost my purse somewhere on the way home.

집에 오던 길 어딘가에서 내 지갑을 잃어버렸음을 깨달았다.

I found my purse that I had lost two days ago.

이틀 전에 잃어버린 내 지갑을 찾았다.

* 비교 | find out에 사람이 목적어로 올 때는, 그 사람을 발견한 것이 아니라 그가 한 정직하지 못한 행동을 알아냈다는 뜻입니다.

· My mother found me out without a question.

우리 엄마는 질문 하나 없이 내가 한 짓을 알아내셨다.

😢 Each team has to prepare for a twenty-minute presentation.

각 팀은 20분짜리 발표에 대비해야 한다.

prepare for	주어의 계획이나 의지와 상관없이 외부에서 일어나는 일이 목적어로 옵니다.
prepare	주어가 능동적으로 주도하는 일이 목적어로 옵니다.

☺ I have to prepare for the final exam.
나는 (학생으로서) 기말고사에 대비해야 한다.

Each team has to prepare a twenty-minute presentation.
각 팀은 20분짜리 발표를 준비해야 한다.

* 비교 | I'm preparing the final exam for my writing class.
나는 (선생으로서) 작문반이 치를 기말고사를 준비해야 한다.

☹ I don't approve capital punishment.
나는 사형 제도를 허가하지 않는다.

approve	공식 절차에서 권한이 있는 사람이 공식적인 허가나 인가를 내릴 때 씁니다.
approve of	특정 사안에 공식 권한이 없는 사람이 심정적인 동감을 표현하거나, 공식적인 절차가 포함되지 않는 사안에 대한 허락 · 인정을 표현할 때 씁니다.

☺ The House refused to approve capital punishment for the terrorists.
하원은 그 테러리스트들의 사형을 인가하지 않았다.

I don't approve of capital punishment.
나는 사형 제도에 찬성하지 않는다.

* 비교 | disapprove도 같은 용법입니다.

Father opposed my trip to India, but didn't say much.

아버지는 나의 인도 여행을 극구 말리셨지만 많은 말씀은 하지 않으셨다.

oppose	결과에 영향을 미칠 목적으로 주어 자신의 반대의사를 적극적인 말과 행위로 표현할 때 씁니다.
be opposed to	적극적인 행위 없이 심정적으로나 말로 반대의사를 표현할 때 씁니다.

Father opposed my trip to India, but couldn't stop me.

아버지는 나의 인도 여행을 극구 말리셨지만 나를 막지는 못하셨다.

Father was opposed to my trip to India, but didn't say much.

아버지는 나의 인도 여행을 탐탁치 않게 여기셨지만, 많은 말씀은 하지 않으셨다.

I agree to abortion.

나는 낙태에 동의한다.

agree to	목적어가 사람이 아닐 때 쓰는 것이 아니라, 주어와 연관된 특정 사안에서 결과에 영향을 미치는 행동이 따를 때 씁니다.
agree with	목적어가 주로 사람이지만, 사람이 아니더라도 주어와 직접 연관되지 않거나 결과에 영향을 미치는 행동이 따르지 않을 때 일반적인 동조를 나타냅니다.

Her parents agreed to abortion to save their daughter's life.

그녀의 부모는 딸의 목숨을 구하기 위해 낙태에 동의했다.

I agree with abortion.

나는 낙태에 찬성한다.

* 비교 | disagree도 같은 용법입니다.

The landlady doubted that I was the thief.

집주인 아주머니는 내가 도둑일거라고 의심하셨다(?)

doubt that절	that절 이하의 내용이 사실이 아닐 거라고 생각할 때 씁니다.
suspect that절	that절 이하의 내용이 사실이라고 생각할 때 씁니다.

The landlady doubted that I was the thief.

집주인 아주머니는 내가 도둑일 리가 없다고 생각하셨다.

The landlady suspected that I was the thief.

집주인 아주머니는 내가 도둑일 거라고 의심하셨다.

☹ My uncles came to my house to congratulate my birthday.

삼촌들이 내 생일을 축하의 말을 해주러 우리집에 오셨다.

congratulate	사람만이 목적어로 오며, 누군가에게 일어난 좋은 일에 대해 '말'로 축하해줄 때 씁니다. 또한 주로 사람이 노력해서 이룬 일에 대해 씁니다.
celebrate	특별한 날이나 성공 등을 '말 이상의 것'으로 축하할 때 쓰며, 사람이 목적어로 오지 않습니다.

☺ My uncles congratulated me on my graduation.

삼촌들이 졸업을 축하한다고 말씀해 주셨다.

My uncles came to my house to celebrate my birthday.

삼촌들이 내 생일을 축하해 주시러 우리집에 오셨다.

☹ Computers have greatly effected our life.

컴퓨터는 지대하게 우리의 삶을 낳았다.

effect	주어가 목적어라는 결과를 낳는다는 뜻입니다.
affect	주어가 목적어에 영향을 끼친다는 뜻입니다.

☺ Computers have effected numerous changes in our life.

컴퓨터는 우리의 삶에 수많은 변화를 가져왔다.

Computers have greatly affected our life.

컴퓨터는 우리의 삶에 지대한 영향을 끼쳤다.

Sitting still in the armchair, I reflected my past days.

팔걸이 의자에 꼼짝 않고 앉아 나의 지난 날들을 반사했다.

reflect	빛 때문에 물리적인 반사가 일어나거나, 추상적인 내용이 물리적 현상으로 드러날 때 씁니다.
reflect on	추상적인 내용을 반추하거나 심사숙고할 때 씁니다.

Sitting still in the armchair, I stared at myself reflected in the mirror.

팔걸이 의자에 꼼짝 않고 앉아 거울에 반사된 내 자신을 노려보았다.

Her despair was reflected in her enfeebled body.

그 아이의 절망이 극도로 약해진 몸 상태에 반영되어 있었다.

Sitting still in the armchair, I reflected on my past days.

팔걸이 의자에 꼼짝 않고 앉아 나의 지난 날들을 반추했다.

☹ Can you get access to the internet now?

지금 인터넷에 손댈 수 있습니까?

have [get] access to	컴퓨터 등 장비에 물리적으로 접근하거나 여러 용도로 사용할 때 씁니다.
access	컴퓨터에 저장된 정보를 얻어내거나 전산망에 접속할 때 씁니다.

☺ Who has access to your computer?

누가 당신 컴퓨터에 접근할 수 있습니까?

Can you access the internet now?

지금 인터넷에 접속할 수 있습니까?

☹ Based on anonymous information, the police searched his basement.

경찰은 익명의 제보에 기반하여 그의 지하실을 수색했다.

be based on	즉각적인 행동이 연루되지 않은, 추상적인 바탕을 표현할 때 씁니다.
act on	정보나 제안 등을 받은 대로 행동에 옮길 때 씁니다.

☺ The film is based on a true story.

그 영화는 실화를 바탕으로 만들어졌다.

Acting on anonymous information, the police searched his basement.

경찰은 익명의 제보를 받고 그의 지하실을 수색했다.

To tackle such a challenge, you have to believe yourself.

그토록 어려운 과제를 해결하려면 너 자신의 말을 믿어야 한다.

believe	기본적인 신뢰와는 별개로, 누군가가 한 말의 내용을 믿을 때 씁니다.
believe in	신의 존재나 진리, 사람의 가능성을 믿을 때 씁니다.

When I tried to be honest with you, you didn't believe me.

내가 솔직하게 말하려고 했을 때 당신은 내 말을 믿지 않았다.

To tackle such a challenge, you have to believe in yourself.

그토록 어려운 과제를 해결하려면 너 자신을 믿어야 한다.

* 비교 | disbelieve도 같은 용법입니다.

😣 I searched related information on the internet.

인터넷에서 관련 정보를 찾았다(?)

search	무언가를 찾기 위해 수색하는 장소가 목적어로 옵니다.
search for	찾고자 하는 바로 그 대상이 목적어로 옵니다.

😊 I searched the internet for related information.

I searched for related information on the internet.

관련 정보를 찾기 위해 인터넷을 뒤졌다.

😣 The international conference occurred in Santiago.

그 국제회의는 산티아고에서 갑자기 발생했다.

occur〔happen〕	사고나 재해 등 예기치 못한 상황이 주어로 옵니다.
take place	미리 준비한 일이나 행사가 주어로 옵니다.

😊 An emergency occurred in the middle of the opening ceremony.

개회식이 한창일 때 응급 상황이 갑자기 발생했다.

The international conference took place in Santiago.

그 국제회의는 산티아고에서 개최되었다.

You might know the Oscar-winning actor Sean Penn.

여러분은 오스카상을 수상한 배우 숀 펜을 개인적으로 잘 아실 겁니다.

know	목적어를 직접적인 경험으로 잘 알거나 친분이 두터울 때 씁니다.
know of	목적어를 간접적으로 보고 들어서 대충 알 때 씁니다.

My friend said that he had known the actor since high school.

내 친구는 고등학교 이후로 그 배우와 친분을 맺어 왔다고 말했다.

You might know of the Oscar-winning actor Sean Penn.

여러분은 오스카상을 수상한 배우 숀 펜을 아실 겁니다.

* 비교 | hear from과 hear of도 비슷한 차이를 보입니다.

· I rarely hear from my son, but I've heard of his roommate.

아들에게 (직접적인) 연락을 거의 못 받지만 그 애 룸메이트에 대해서는 (아들을 통해 간접적으로) 들어본 적이 있습니다.

☹ Spanish fits me better than English.

영어보다는 스페인어가 내게 더 맞는다(?)

fit	사람이 목적어로 올 때는 옷 등이 사람의 몸에 물리적으로 잘 맞는다는 뜻이고, 추상적으로는 주어가 사람 목적어에게 직무 등의 특정한 용도에 맞는 자격이나 자질을 부여한다는 뜻입니다.
suit	대개 사람이 목적어로 오고, 주어가 목적어 사람의 성격이나 상황에 적합하다는 뜻입니다.

☺ Those experiences fitted me for the job.

그 경험들로 나는 그 일의 적임자가 되었다.

Spanish suits me better than English.

영어보다는 스페인어가 내게(내 적성과 상황에) 더 맞는다.

* 비교 | 같은 주어와 목적어를 쓸 때 fit과 suit의 차이입니다.

- The pants fitted me. 그 바지(사이즈)가 내 몸에 꼭 맞았다.
- The pants suited me. 그 바지(모양과 디자인)가 내게 어울렸다.

☹ They have invented numerous ways to use garbage profitably.

그들은 쓰레기를 사용해 돈을 벌 수 있는 수많은 방법을 개발했다.

use	목적어의 원래 용도대로 쓴다는 뜻입니다.
utilize	목적어의 원래 용도를 변경하여, 잘 활용한다는 뜻입니다.

They learned how to use the machine.

그들은 그 기계의 사용 방법을 배웠다.

They have invented numerous ways to utilize garbage profitably.

그들은 쓰레기를 활용해 돈을 벌 수 있는 수많은 방법을 개발했다.

I confronted the chance of doing what I had wanted to do, but I avoided it.

원하던 것을 할 수 있는 기회에 처했을 때 나는 그것을 회피했다.

confront	문제나 어려움, 과제 등이 목적어로 옵니다.
come across, chance upon	기회가 목적어로 올 때 어울리는 동사들입니다.

Even if I confront a difficulty I've never experienced, I don't avoid it.

한 번도 경험해 보지 못한 어려움에 처해도 나는 그것을 피하지 않는다.

I came across the chance of doing what I had wanted to do, but I avoided it.

원하던 것을 할 수 있는 기회에 우연히 마주쳤을 때 나는 그것을 피했다.

☹ I want to make a boyfriend.

남자친구를 만들어 내고 싶다.

make	친구가 목적어로 올 때 어울립니다. 남자[여자] 친구가 목적어로 오면, 가령 첨단기술을 사용하여 그 존재를 창조해낸다는 식의 우스꽝스런 뜻이 됩니다.
have[get, find]	사귀는 사이인 남자[여자] 친구가 목적어로 올 때 어울립니다.

☺ I want to make friends with him.

그 아이와 친해지고 싶다.

I want to have a boyfriend.

남자친구를 사귀고 싶다.

☹ Yujin and I made each other's acquaintance while working at the same department.

유진과 나는 같은 부서에 일하면서 안면을 텄다.

make each other's acquaintance	처음 만나서 안면을 트는 정도를 뜻합니다.
make[become] friends	친구로 가까워졌다는 뜻입니다.

☺ Yujin and I made each other's acquaintance when I first visited her office.

유진과 나는 내가 처음 그녀의 사무실을 방문했을 때 안면을 텄다.

Yujin and I became friends while working at the same department.

유진과 나는 같은 부서에 일하면서 친해졌다.

* 비교 | befriend는 주어가 목적어를 친구처럼 잘 대해준다는 뜻입니다.

· Your sister befriended me when I first came here.

처음 여기 왔을 때 네 언니가 내게 잘 대해줬다.

Constantly curbing your appetite will give you a lot of stress.

끊임없이 식욕을 억제하면 당신은 큰 스트레스를 받을 것이다(?)

give	웃거나 악수를 하는 등의 주어의 행동을 표현할 때, 또는 대개 주어가 하는 좋은 기능을 표현할 때 씁니다.
cause	문제나 골칫거리, 피해 등이 목적어로 올 때 씁니다.

He gave me a lift to my house.

그 사람이 차로 집에 데려다 주었다.

Frequently massaging your neck will give you great relaxation.

자주 목을 주물러 주면 당신은 큰 이완감을 느낄 것이다.

Constantly curbing your appetite will cause you a lot of stress.

끊임없이 식욕을 억제하면 당신은 큰 스트레스를 받을 것이다.

* 비교 | 'It will make you have a lot of stress'와 같은 어색한 표현도 피합시다.

😣 When the accident happened, my brother behaved as if he were a well-trained rescuer.

그 사고가 일어났을 때 내 동생은 마치 구조대원처럼 평소에 행동했다.

behave	평소나 특정한 상황에서의 일반적인 행동 방식을 표현합니다.
act	평소 일반적인 태도와는 별개로, 특정한 상황에서의 개별 행동을 표현합니다.

😊 My brother behaved as if he were a fire-fighter.

내 동생은 평소에 자기가 소방관이나 된 듯 행동했다.

My brother behaved well at the wedding.

내 동생은 결혼식장에서 얌전하게 행동했다.

When the accident happened, my brother acted as if he were a well-trained rescuer.

그 사고가 일어났을 때 내 동생은 마치 구조대원처럼 (침착하고 능숙하게) 행동했다.

😣 I'm afraid that this repeated confusion makes me look slow-witted to my teacher.

이 반복된 혼동으로 내가 선생님께 이해가 더딘 아이로 생겨 보일까 걱정스럽다.

look	생김새, 외모에 관련될 때 씁니다.
appear	용모나 생김새와 관계없는, 사건의 전개, 정신적인 면을 표현할 때 씁니다.

(^^) I'm afraid that these thick glasses will make me look stupid.

이 두꺼운 안경 때문에 내가 멍청하게 보일까 걱정스럽다.

I'm afraid that this repeated confusion makes me appear slow-witted to my teacher.

이 반복된 혼동으로 선생님께 이해가 더딘 아이로 비칠까 걱정스럽다.

(TT) A tall man sat in front of my daughter, so we changed our seats.

딸 아이 앞에 키 큰 남자가 앉아서 우리는 의자를 교체했다.

change	어떤 것에 변화를 주거나 새 것으로 바꿀 때 씁니다.
exchange	두 사람이 갖고 있는 것을 맞바꿀 때 쓰고, 따라서 목적어가 복수인 경우가 많습니다.

(^^) All the seats in the theater have recently been changed.

극장의 의자들이 모두 최근에 교체되었다.

A tall man sat in front of my daughter, so we exchanged our seats.

딸 아이 앞에 키 큰 남자가 앉아서 우리는 자리를 바꿨다.

☹ I always expect my birthday like a little child.

나는 어린 아이처럼 언제나 내 생일이 당연히 오리라 기대한다.

expect	목적어가 어떻게 되거나 어떤 성격을 갖게 되기를 기대한다는 뜻입니다. 또는 목적어가 도착하거나 일어나는 것이 당연하다고 생각함을 뜻합니다.
look forward to	즐거운 기대감을 갖고 어떤 일이 일어나길 원한다는 뜻입니다.

☺ I expect my birthday to be a happy family reunion.

내 생일이 행복한 가족 모임이 되길 기대한다.

I don't expect presents on my birthday.

내 생일날 선물을 받을 거라고는 기대하지 않는다.

I always look forward to my birthday like a little child.

나는 어린 아이처럼 언제나 내 생일을 손꼽아 기다린다.

☹ He proposed to me on St. Valentine's day and we went to a movie together.

그는 발렌타인데이에 내게 청혼을 했고 우리는 함께 영화를 보러 갔다.

propose to	'청혼하다' 라는 뜻입니다.
ask out	'데이트를 신청하다' 라는 뜻입니다.

☺ He proposed to me after we dated for three years.

3년을 사귄 후에 그가 내게 청혼했다.

He asked me out on St. Valentine's day, and we went to a movie together.

그는 발렌타인데이에 내게 데이트 신청을 했고 우리는 함께 영화를 보러 갔다.

☹ I enjoy meeting with people.

나는 사람들과 만나 회의하는 것을 즐긴다.

meet with	목적어가 사람일 때 사람을 만나 회의를 하거나 중요한 사안에 대해 함께 이야기한다는 뜻입니다.
meet	목적어가 사람일 때 일반적으로 누구를 만나 친목을 다지며 서로를 알아간다는 뜻입니다.

☺ I heard this from someone who had met with the mayor.

시장과 회동을 가졌던 사람에게서 직접 들은 이야기이다.

I enjoy meeting people.

나는 사람들 만나는 것을 즐긴다.

😣 We used to date, but she kicked me about a year ago.

우리는 예전에 사귀던 사이였지만 1년 전쯤 그녀가 나를 쫓아냈다.

kick	물리적으로 발로 차거나, 어떤 장소나 모임에서 쫓아내는 것을 말합니다.
dump	사귀던 사람을 더 이상 만나지 않겠다고 '차버리는' 것을 말합니다.

😊 We lived together for about a year, but one day she kicked me out of her house.

우리는 1년쯤 같이 살았지만 어느 날 그녀가 나를 집에서 쫓아냈다.

We used to date, but she dumped me about a year ago.

우리는 예전에 사귀던 사이였지만 1년 전쯤 그녀가 나를 차버렸다.

😣 Whenever he saw me, he blackmailed me.

나를 볼 때마다 그 아이는 나를 협박했다.

blackmail	사람의 약점이나 비리를 잡아 돈이나 이익을 얻어내려 말이나 글로 공갈 협박한다는 뜻입니다.
bully	말뿐 아니라, 물리적인 힘으로 위협하거나 다치게 한다는 뜻입니다.

😊 Since he found out about my cheating, he has been blackmailing me.

나의 부정 행위를 알아낸 이후로, 그는 계속 나를 협박해 왔다.

Whenever he saw me, he bullied me.

나를 볼 때마다 그 아이는 나를 괴롭혔다.

😣 We should substitute violence for dialogue.

우리는 대화를 폭력으로 대체해야 한다.

substitute A for B	B를 A로 대체한다는 뜻입니다. substitute에 가까이 있는 것이 헌 것을 대체할 새로운 요소입니다.
replace A with B	A를 B로 대체한다는 뜻입니다. replace에 가까이 있는 것이 대체될 헌 것입니다.

😊 We should substitute dialogue for violence.

We should replace violence with dialogue.

우리는 폭력을 대화로 대체해야 한다.

* 주의 | substitute가 쓰인 문장을 수동태로 만들 때 우리가 흔히 하는 실수는, 문장의 목적어인 A가 아닌 B를 주어로 삼는 것입니다. 수동태를 만드는 원칙 그대로 문장의 목적어인 A가 앞으로 와야 합니다.

- Violence should be substituted for by dialogue. (×)
- Dialogue should be substituted for violence. (○)

😣 My sincere apology recovered our friendship.

나의 진심어린 사과가 우리의 우정을 복구했다(?)

recover	사람만 주어가 될 수 있습니다.
restore	사람뿐 아니라 행위나, 말과 같은 정신적인 힘도 주어가 될 수 있습니다.

😊 I was able to recover our friendship with a sincere apology.

진심어린 사과로 우리의 우정을 회복했다.

My sincere apology restored our friendship.

나의 진심어린 사과가 우리의 우정을 회복시켰다.

😣 Harsher punishments cannot deter crimes.

더욱 엄한 벌이 범죄를 막을 수 없다(?)

deter	사람만 목적어로 올 수 있습니다.
prevent	사람, 사물 모두 목적어로 올 수 있습니다.

😊 Harsher punishments cannot deter criminals.

더욱 엄한 벌이 범죄자들을 막을 수는 없다.

Harsher punishments cannot prevent crimes.

더욱 엄한 벌이 범죄를 막을 수는 없다.

* 비교 | 두 단어 모두 목적어 뒤에 'from ~ing'를 붙일 수 있습니다.

😞 Don't take advantage of others to fulfill your desire.

당신의 욕구를 달성하기 위해 남을 이용하지 마십시오.

fulfill	꿈이나, 희망, 약속, 가능성, 목적 등을 달성한다는 뜻입니다.
satisfy	욕구나 요구를 충족시킨다는 뜻입니다.

😊 I'll stop at nothing to fulfill my dream.

내 꿈을 달성하기 위해 결코 멈추지 않을 것이다.

Don't take advantage of others to satisfy your desire.

당신의 욕구를 만족시키기 위해 남을 이용하지 마십시오.

😞 I might have done something wrong.

내가 뭔가를 잘못했을 것이다(?)

may have + 과거분사	과거에 대한 추측을 나타냅니다.
might have + 과거분사	과거 사실에 대한 반대의 가정을 나타냅니다.

😊 I may have done something wrong.

내가 뭔가를 잘못했을 것이다.

If you hadn't helped me, I might have something done wrong.

당신이 날 도와주지 않았다면 난 뭔가를 잘못했을 것이다(도움을 받아서 잘못한 것이 없다).

비슷하지만 다른 형용사, 부사, 명사 모음

☹ I like to hang out with my familiar friends.

익숙한 친구들과 어울려 노는 것을 좋아한다.

familiar	어떤 대상이 (직 · 간접 경험으로) 익숙하고 친숙하다는 뜻으로, 사람 사이의 친분관계를 나타내지는 않습니다.
close	사람 사이의 관계가 가깝고 친하다는 뜻입니다.

☺ It has always been torture for me to leave familiar surroundings.

친숙한 환경을 떠나는 것은 내게 언제나 고문이었다.

I like to hang out with my close friends.

친한 친구들과 어울려 노는 것을 좋아한다.

☹ My second TOEFL score was still not satisfying.

나의 두 번째 토플 점수는 여전히 내게 뿌듯함을 주지 못했다.

satisfying	객관적 성취도와 별도로, 개인적, 주관적인 뿌듯함이나 행복감을 줄 때 씁니다.
satisfactory	객관적으로 정해진 기준을 만족시킬 때 씁니다.

☺ My second TOEFL score wasn't that high, but I found it quite satisfying.

나의 두 번째 토플 점수가 그리 높진 않았지만, 내 마음에는 꽤 흡족했다.

My second TOEFL score was still far from being satisfactory.

나의 두 번째 토플 점수는 여전히 기준에 한참 못 미쳤다.

There are distinctive differences between these two cars.

이 두 차에는 독특한 차이들이 있다.

distinctive	같은 종류의 다른 개체들과 다른 독특한 특징이 있을 때 쓰고 반대말은 '평범한' 입니다.
distinct	여러 개체의 차이가 눈에 띄게 명백할 때 쓰고, 반대말은 '비슷한', '불분명한' 입니다.

This brand-new car has distinctive features.

이 신차에는 남다른 특징들이 있다.

There are distinct differences between these two cars.

이 두 차 간에는 분명한 차이들이 있다.

I was ashamed when the nurse called my name loudly.

간호사가 내 이름을 크게 불렀을 때 수치스러움을 느꼈다.

be ashamed	심각한 잘못이나 양심에 어긋나는 행동으로 부끄러움, 수치스러움을 느낀다는 뜻입니다.
be embarrassed	자신이나 남의 사소한 실수나 엉뚱한 행동으로 당황하거나 민망함을 느낀다는 뜻입니다.

I am ashamed of myself for cheating on the test.

시험 볼 때 부정 행위를 한 내 자신이 부끄럽다.

I was embarrassed when the nurse called my name loudly.

간호사가 내 이름을 크게 불렀을 때 당황했다.

* 비교 | shy는 '성격상 부끄러움을 탄다'는 뜻으로 embarrassed나 shamed와 혼동하지 않도록 주의합시다.

· I was so shy that I barely answered my teacher's questions.
나는 너무 부끄러움을 타서 선생님이 물어보시는 말씀에도 간신히 대답했다.

You will go through intense training during the first month.

여러분은 첫 한 달 동안 강렬한 훈련을 받게 됩니다.

intense	감정, 열기 등이 격렬하거나, 경쟁이 치열하다는 뜻입니다.
intensive	훈련의 내용이나 협상의 과정 등이 집중적이고 힘들다는 뜻입니다.

I don't like to take part in such intense competitions.

그토록 치열한 시합에 참가하고 싶지 않다.

You will go through intensive training during the first month.

여러분은 첫 한 달 동안 집중적인 훈련을 받게 됩니다.

I used to wake up early even though I had drunk a lot last night.

어젯밤에 술을 많이 마셨어도 아침에는 일찍 일어나곤 했다.

last	현재, 오늘을 기점으로 가까운 과거를 표현합니다.
previous	the와 함께 쓰이며, 현재가 포함되지 않는 과거나 미래시점을 표현합니다.

I woke up early this morning even though I drank a lot last night.

어젯밤에 술을 많이 마셨지만 오늘 아침에 일찍 일어났다.

I used to wake up early even though I had drunk a lot the previous night.

그 전날 밤에 술을 많이 마셨어도 아침에는 일찍 일어나곤 했다.

☹ It was so funny to paint the wall.

벽에 페인트칠을 하는 게 정말 웃겼다.

funny	일이나 사람이 코믹하거나 익살맞아 웃음이 나오게 할 때 씁니다.
fun	일이나 사람이 관심과 흥미를 모을 정도로 재미있을 때 씁니다.

☺ The sitcom drama was so funny that we all rolled in the aisles.

시트콤이 너무 웃겨서 우리는 모두 바닥에 뒹굴 정도였다.

It was so fun to paint the wall.

벽에 페인트칠을 하는 게 정말 재미있었다.

☹ I was capable of walking again six months after the accident.

사고 후 6개월이 지나자 내게 다시 걸을 수 있는 잠재적 능력이 있었다.

be capable of +~ing	말하는 시점에서 아직 실현되지 않은 잠재적 능력을 표현합니다. 사물도 주어로 올 수 있습니다.
be able to +동사원형	어떤 일을 할 물리적인 힘, 기술, 수단이 있을 때 쓰고 사람(개인, 집단)만이 주어가 될 수 있습니다.

☺ Even though he was a strong, quick-tempered man, he wasn't capable of hurting anyone.

그는 힘세고 성격 급한 남자였지만 누굴 해칠 사람은 아니었다.

I was able to walk again six months after the accident.

사고 후 6개월이 지나자 나는 다시 걸을 수 있게 되었다.

I feel refreshed when seeing men who shamelessly wear make-up and accessories.

부끄러운 줄도 모르고 화장과 장신구를 하고 있는 남자들을 보면 기분이 상쾌하다.

shamelessly	부끄러워해야 할 일에 부끄러움을 모르는 뻔뻔함이나 파렴치함을 뜻합니다.
proudly	당당하고 자랑스럽게 긍지를 가지고 어떤 일을 한다는 뜻입니다.

I feel embarrassed when seeing men who shamelessly wear make-up and accessories.

부끄러운 줄도 모르고 화장과 장신구를 하고 있는 남자들을 보면 내가 민망하다.

I feel refreshed when seeing metrosexual men who proudly wear make-up and accessories.

당당하게 화장과 장신구를 하고 있는 도시 꽃미남들을 보면 기분이 상쾌하다.

As the deadline was only one hour away, I concentrated hardly.

마감시간이 한 시간 밖에 남지 않아서 거의 집중할 수 없었다.

hardly	'거의 ~않다' 라는 뜻으로 부정을 뜻하는 부사입니다.
hard	부사일 때 어떤 일을 열심히 한다는 뜻입니다.

Although the deadline was only one hour away, I could hardly concentrate.

마감시간이 한 시간밖에 남지 않았음에도 집중할 수가 없었다.

As the deadline was only one hour away, I concentrated hard.

마감시간이 한 시간밖에 남지 않아서 집중에 또 집중을 했다.

I love summer for three reasons. At first, I like to swim in the sea.

나는 세 가지 이유로 여름을 사랑한다. 처음에는, 나는 바다에서 수영하는 것을 좋아한다.

at first	하나의 경험에서 사건의 처음을 뜻합니다.
first	여러 가지 사항을 나열하는 과정에서 첫 번째 사항을 소개하는 표현입니다.

We didn't like each other at first, but soon became best friends.

우리는 처음엔 서로 좋아하지 않았지만 곧 단짝 친구가 되었다.

I love summer for three reasons. First, I like to swim in the sea.

나는 세 가지 이유로 여름을 사랑한다. 첫째, 나는 바다에서 수영하는 것을 좋아한다.

* 비교 | last와 at last도 구별해 둡시다.

- Last, summer clothes are inexpensive and light.
  마지막으로, 여름옷은 저렴하고 가볍다.
- At last, summer has arrived.
  드디어 여름이 왔다.

The applicants are almost women.

지원자들이 거의 여자였다(?)

almost	'거의 ~에 가까운' 이라는 뜻으로 한 개체의 특정 성질의 정도를 나타냅니다.
mostly	'대부분' 이라는 뜻으로, 한 집단의 많은 부분을 뜻합니다.

She is now almost a woman.

그 아이는 이제 여자(성인)가 다 되었다.

The applicants are mostly women.

지원자들이 대부분 여자였다.

My favorite anniversaries are in winter such as Christmas and New Year's Day.

겨울에는 크리스마스와 설날과 같이 내가 제일 좋아하는 기념일들이 있다.

anniversary	생일이나 결혼기념일 등 각 개인에게 의미가 있는 날을 뜻합니다.
holiday	모두가 같이 쉬는 휴일이나 명절, 국경일을 뜻합니다.

July 7th is the 17th anniversary of our marriage.

7월 7일은 우리의 결혼 17주년 기념일이다.

My favorite holidays are in winter such as Christmas and New Year's Day.

겨울에는 크리스마스와 설날과 같이 내가 제일 좋아하는 휴일들이 있다.

As I made a wooden car for my son, my daughter complained about my partiality all day long.

아들 녀석에게 나무 자동차를 만들어 주자, 딸은 나의 편파성에 대해서 하루 종일 불평했다.

partiality	경기나 토론에서 중립을 유지하지 않고 한 쪽 편을 든다는 뜻입니다.
favoritism	누군가를 더 마음에 들어하거나 잘해준다는 뜻입니다.

As I called the ball out, my daughter complained of my partiality towards my son.

내가 볼이 나갔다고 판정하자, 딸은 내가 아들 편을 든다고 항의했다.

As I made a wooden car for my son, my daughter complained about my favoritism all day long.

아들 녀석에게 나무 자동차를 만들어 주자, 딸은 나의 편애에 대해서 하루 종일 불평했다.

☹ I don't mind showing my shortages to the people I trust.

내가 믿는 사람들에게는 나의 결핍을 거리낌 없이 보여준다.

shortage	어떤 것의 양이나 수가 부족함을 뜻합니다.
shortcoming [weakness]	사람, 사물, 계획 등이 잘못되거나 결점을 뜻합니다.

☺ I have never experienced a shortage of self-confidence.

나는 자신감의 결핍을 경험해본 적이 없다.

The area is suffering from a severe food shortage.

그 지역은 극심한 식량 부족으로 고통받고 있다.

I don't mind showing my shortcomings to the people I trust.

내가 믿는 사람들에게는 나의 단점을 거리낌 없이 보여준다.

☹ Eighty percentage of the respondents are opposed to euthanasia.

응답자의 80퍼센트가 안락사에 반대했다(?)

percentage	숫자 없이 주로 수량을 나타내는 형용사 high, low, large, small 등과 함께 쓰입니다.
percent	수사와 함께 쓰여 특정한 비율을 나타냅니다.

☺ A very high percentage of the respondents are opposed to euthanasia.

응답자들이 매우 높은 비율로 안락사에 반대했다.

Eighty percent of the respondents are opposed to euthanasia.

응답자의 80퍼센트가 안락사에 반대했다.

☹ How many times a day do you spend on computer games?

여러분은 하루에 얼마나 여러 번 컴퓨터 게임에 시간을 보내십니까?

many times	시간의 길이와 상관없이 빈도수를 표현할 때 씁니다.
many hours	셀 수 있는 단위로, 시간의 길이를 나타낼 때 씁니다.

☺ How many times a day do you log on your computer?

여러분은 하루에 몇 번이나 컴퓨터에 로그인을 하십니까?

How many hours a day do you spend on computer games?

여러분은 하루에 얼마나 오래 컴퓨터 게임에 시간을 보내십니까?

☹ I always try to show me honestly to others.

언제나 사람들에게 솔직하게 나에게 보여주려 노력한다.

me	주어와 일치하지 않을 때 씁니다.
myself	목적어가 주어와 같은 사람일 때는 재귀대명사를 씁니다. he, she, they 등 다른 인칭들도 마찬가지입니다.

☺ My boyfriend always tries to show me his feelings.

내 남자친구는 언제나 내게 자신의 감정을 보여주려 노력한다.

I always try to show myself honestly to others.

언제나 사람들에게 솔직하게 나를 보여주려 노력한다.

When I was in middle school, I had a chance to participate in a parade.

중학교 때 거리 행렬에 참여할 기회가 있었다(?)

a chance	일반적인 진술이나 미래의 일에 대해서는 부정관사를 사용합니다.
the chance	이미 일어난 구체적인 일에 대해서는 정관사를 사용합니다.

If I have a chance to participate in a parade, I won't miss it.

거리 행진에 참여할 기회가 생긴다면 놓치지 않을 것이다.

When I was in middle school, I had the chance to participate in a parade.

중학교 때 거리 행진에 참여할 기회가 있었다.

* 비교 | opportunity도 같은 용법입니다.

비슷하지만 다른 전치사 및 기타 모음

😣 The national suicidal rate has lowered to 50 percent.

전국 자살률이 50퍼센트로 내려갔다.

to	수치나 비율이 변화하여 다다른 지점을 나타냅니다.
by	두 수치나 비율 사이의 차이를 나타냅니다.

😊 The national suicidal rate has lowered to 5 percent.

전국 자살률이 5퍼센트로 감소했다.

The national suicidal rate has lowered by 50 percent.

전국 자살률이 50퍼센트 감소했다.

😣 The bullies beat me as a dog.

그 깡패들이 나를 개로서 팼다.

as	'~로서' 라는 자격을 나타낼 때 씁니다.
like	'~같이' 라는 비유를 할 때 씁니다.

😊 He sent me an e-mail as a representative of the company.

그는 회사 대변인의 자격으로 내게 이메일을 보냈다.

The bullies beat me like a dog.

그 깡패들이 나를 개 패듯 팼다.

😣 I hated the physics teacher, so besides physics, I liked all other science subjects.

나는 그 물리 선생님을 매우 싫어했다. 그래서 물리뿐 아니라 다른 과학 관련 과목들을 모두 좋아했다.

besides	특정 진술에 포함되는 한 가지 예를 나타냅니다.
except for	특정 진술에 포함되지 않는 예외 사항을 나타냅니다.

😊 Besides physics, I liked all science subjects.

물리를 비롯해서 과학 과목들을 모두 좋아했다.

I hated the physics teacher, so except for physics, I liked all other science subjects.

나는 그 물리 선생님을 매우 싫어했다. 그래서 물리를 제외하고 다른 과학 관련 과목들을 모두 좋아했다.

😣 My family went out for dinner except me.

우리 가족은 나를 제외하고 저녁 먹으러 나갔다.

except	사람이나 사물이 어떤 장소에 있지만 다른 사람과는 다른 행동을 했거나 다른 것들과는 다른 상태라는 뜻입니다. 대부분 all, every, entire, any, no 등과 함께 씁니다.
without	사람이나 사물이 어떤 장소에 없어서 그것 없이 무언가를 했다는 뜻입니다.

My entire family, except me, went out for dinner.
나를 제외한 모든 가족이 저녁 먹으러 나갔다.

My family went out for dinner without me.
우리 가족은 나 없이 저녁 먹으러 나갔다.

Punishment only produces a short-lived effect. On the contrary, the effect of rewards is long-lasting.
처벌은 일시적인 효과밖에 낼 수 없다. 오히려 보상의 효과는 오래간다.

on the contrary	앞 문장에서 언급된 내용의 반대 항목을 제시할 때 쓰는 전치사구가 아닙니다. 같은 항목에 대한 논지를 뒷받침하거나 보충해 줄 때 씁니다.
on the other hand	앞 문장에서 언급된 항목과 반대되는 또 다른 항목을 제시할 때 씁니다.

People mistakenly believe that punishment produces a long-term effect. On the contrary, it produces only a short-term effect.
사람들은 처벌이 장기적인 효과를 가져온다고 잘못 믿고 있지만 오히려 그것은 일시적인 효과만 낼 뿐이다.

Punishment only produces a short-lived effect. On the other hand, the effect of rewards is long-lasting.
처벌은 일시적인 효과밖에 낼 수 없다. 반면, 보상의 효과는 오래 지속된다.

☹ I closed the door for spending some time by myself.

혼자 시간을 좀 보내기 위한 문을 닫았다.

for + ~ing	문장의 주동사와 의미상 직결되지 않습니다. 어떤 목적을 위한 특정한 도구의 내용(명사 형태) 뒤에 와야 합니다.
to + 동사원형	주어가 하는 행동의 직접적인 목적을 나타냅니다.

☺ I need a safety door for keeping uninvited people out.

초대받지 않은 사람들을 막을 안전문이 필요하다.

I closed the door to spend some time by myself.

혼자 시간을 좀 보내기 위해 문을 닫았다.

* 주의 | 'for + ~ing'의 이러한 용법 때문에 '~하기 위해서'라는 목적을 나타내는 의미로 'for + ~ing'를 문장 머리에 쓰는 것은 올바르지 않습니다.

- For finding out the truth, I decided to talk with the witness. (×)
- I decided to talk with the witness for finding out the truth. (×)
- To find out the truth, I decided to talk with the witness. (○)
  진실을 알아내기 위해 그 증인과 이야기해 보기로 했다.

I lost 10kg changing my diet.

식단을 바꾸면서 10킬로그램을 뺐다.

~ing	뚜렷한 목표 의식 없이 어찌 하다 보니 그렇게 되었다는 뜻입니다.
by ~ing	처음부터 뚜렷한 의도와 목표를 가지고 어떤 행위를 한다는 뜻입니다.

I lost 10kg changing my diet.

식단을 바꾸면서 10킬로그램이 빠졌다.

I lost 10kg by changing my diet.

식단을 바꿔서 10킬로그램을 뺐다.

My favorite artist is Michael Jackson who dominated pop music twenty five years ago.

내가 제일 좋아하는 가수는 25년 전 팝 음악을 지배한 마이클 잭슨이다.

who	쉼표가 없는 관계사는 그것이 꾸미는 선행사가 'a mountain', 'an interesting book', people 등처럼 불특정할 때 씁니다. 선행사의 내용이 구체적이지 않으면 그것을 설명하는 관계사절이 선행사를 이해하는 데 필수요소가 되므로 쉼표로 둘을 갈라놓지 않습니다.
, who	관계대명사가 꾸미는 선행사가 'Michael Jackson' 또는 'Mount Jiri', 'The Art of Love', 'Jin Choi'처럼 구체적인 정보를 담은 고유명사이면 관계사 앞에 쉼표를 찍습니다. 선행사에 이미 구체적인 정보가 있으므로 관계사절은 필수요소가 되지 않습니다.

He is a legendary artist who dominated pop music twenty-five years ago.

그는 25년 전 팝 음악을 지배한 전설적인 가수다.

My favorite artist is Michael Jackson, who dominated pop music twenty five years ago.

내가 제일 좋아하는 가수는 마이클 잭슨으로서, 그는 25년 전 팝 음악을 지배했다.

* 비교 | when, where, which 등의 다른 관계사들에도 같은 원칙이 적용됩니다. 다만, which 앞에 쉼표를 찍지 않을 때는 which를 that으로 대체할 수 있을 뿐 아니라 that을 더 자주 사용한다는 점도 알아둡시다.

- My grandmother is suffering from a disease which(that) causes a gradual loss of brain cells.

  우리 할머니는 뇌세포가 서서히 파괴되는 질병을 앓고 계신다.

- My grandmother is suffering from Alzheimer's, which causes a gradual loss of brain cells.

  우리 할머니는 알츠하이머병을 앓고 계시는데, 그 병은 뇌세포를 서서히 파괴한다.

* 주의 | 글을 쓰거나 읽을 때 이 두 용법의 의미 차이를 항상 유의합시다.

- Put your umbrella in the basket that is in the kitchen.

  (여러 바구니 중) 부엌에 있는 바구니에 우산을 넣어라.

- Put your umbrella in the basket, which is in the kitchen.

  (단 하나 있는) 바구니가 부엌에 있으니 거기에 우산을 넣어라.

집에 바구니가 여러 개 있는 경우에는 부엌에 있다는 관계사절이 선행사 'the basket'을 이해하는 데 필수적입니다. 그러므로 관계사절 앞에 쉼표를 찍지 않습니다. 반대로 집에 바구니가 하나뿐일 때는 무엇을 가리키는지 분명하므로 관계사절이 필수요소가 되지 않아 쉼표를 찍습니다.

비슷해서 틀리는 문법 모음

There was other volunteer for the role.

그 역할에 또다른 지원자가 있었다(?)

other	복수를 뜻하며 언제나 복수명사 앞에 씁니다.
another	'an + other'의 형태로 또 다른 하나를 나타낼 때 쓰고, 언제나 단수명사 앞에 씁니다.

There were other volunteers for the role.

그 역할에 다른 지원자들이 더 있었다.

There was another volunteer for the role.

그 역할에 또다른 지원자가 있었다.

* 비교 | other's help나 an another year와 같은 표현도 쓰지 않도록 주의합시다.

The beauty salon is near to the subway station.

그 미용실은 지하철역 근처에 있다(?)

near	부사로서 전치사 없이 바로 명사나 관사 앞에 씁니다.
close to	형용사로서 전치사와 함께 씁니다.

The beauty salon is near the subway station.
The beauty salon is close to the subway station.

그 미용실은 지하철역 근처에 있다.

Few minutes later, the sales manager stormed out of his office.

거의 몇 분 후에 판매부장이 자기 사무실에서 뛰쳐 나갔다(?)

few	부정의 의미로, 셀 수 있는 어떤 것이 거의 없음을 나타냅니다.
a few	셀 수 있는 어떤 것이 약간 있음을 나타냅니다.

I had few friends in school.

학교에 친구가 거의 없었다.

A few minutes later, the sales manager stormed out of his office.

몇 분 후에 판매부장이 자기 사무실에서 뛰쳐 나갔다.

* 비교 | 셀 수 없는 명사를 꾸미는 little과 a little에도 같은 원칙이 적용됩니다.

😣 There are two big gas stations nearby my house.

우리 집 근처에 큰 주유소가 둘 있다(?)

nearby	형용사로서 명사를 수식하고, 관사나 소유격이 있을 때는 그 뒤에서 명사를 바로 수식합니다.
near	부사로서 명사를 수식하지 않고, 관사나 소유격이 있을 때는 그 앞에 옵니다.

😊 I drove to a nearby gas station.

나는 가까운 주유소에 차를 몰고 갔다.

There are two big gas stations near my house.

우리 집 근처에 큰 주유소가 둘 있다.

😣 The cashier didn't look like 20 years old.

그 계산원은 20살처럼 보이지 않았다(?)

look like	뒤에 명사가 있어야 합니다.
look	뒤에 명사없이 형용사만 있어야 합니다.

😊 The cashier didn't look like a 20-year-old college student.

그 계산원은 20살짜리 대학생처럼 보이지 않았다.

The cashier didn't look 20 years old.

그 계산원은 20살처럼 보이지 않았다.

😣 We anticipated the conference to proceed solemnly.

우리는 그 회의가 엄숙하게 진행되리라 예상했다(?)

anticipate	어떤 일을 그냥 기대하지 않고 예측하거나 심적, 물리적으로 준비한다는 뜻으로, 목적어가 하나만 오는 3형식으로 씁니다. '목적어+to부정사' 형태의 5형식 문장은 쓸 수 없습니다.
expect	목적어가 어떻게 되리라 기대하거나 당연히 여긴다는 뜻으로 5형식 문장이 가능합니다.

😊 We anticipated that the conference would proceed solemnly.

우리는 그 회의가 엄숙하게 진행되리라 예상하고 마음의 준비를 하고 있었다.

We expected the conference to proceed solemnly.

우리는 당연히 그 회의가 엄숙하게 진행되리라 생각했다.

😣 I drink three cups of coffee everyday.

매일 3잔의 커피를 마신다.

everyday	형용사로서 명사 앞에서만 쓸 수 있습니다.
every day	동사를 꾸미는 부사입니다. 붙여 쓰지 않습니다.

😊 Coffee is now part of my everyday life.

커피는 이제 내 일상생활의 일부다.

I drink three cups of coffee every day.

날마다 커피를 3잔 마신다.

😣 Most of students in the class were non-smokers.

그 수업 학생들 대부분은 비흡연자였다(?)

most	형용사로 쓰여 무관사로 '대부분의, 대개의' 라는 뜻입니다.
most of the[my]	of를 쓰려면 반드시 그 뒤에 정관사나 소유격을 함께 씁니다. 이 때, most는 명사입니다.

😊 Most students in the class were non-smokers.

Most of the[my] students in the class were non-smokers.

그 수업 학생들 대부분은 비흡연자였다.

😣 Almost stores were closed.

거의 상점들이 문을 닫았다(?)

almost	부사로서 '거의'를 뜻합니다. 명사를 바로 수식하지 않고 명사 앞에 있는 all, every, no 등을 수식합니다.
most	형용사로서 '대부분의' 라는 뜻입니다.

😊 Almost all the stores were closed.

거의 모든 상점이 문을 닫았다.

Most stores were closed.

대부분의 상점이 문을 닫았다.

The reason why I didn't lie was that I wanted to be honest with myself.

내가 거짓말하지 않은 이유는 내 자신에게 솔직하고 싶었기 때문이다(?)

the reason why	문장 안에 구체적인 이유가 없을 때 씁니다.
the reason that	문장 안에 구체적인 이유가 진술되어 있을 때 씁니다.

I want to tell you the reason why I didn't lie.

제가 왜 거짓말하지 않았는지 그 이유를 말씀드리고 싶습니다.

The reason that I didn't lie was that I wanted to be honest with myself.

내가 거짓말하지 않은 이유는 내 자신에게 솔직하고 싶었기 때문이다.

* 주의 | 다음처럼 간결하게 쓰는 게 더 바람직한 경우도 많습니다.

- I didn't lie to be honest with myself.

  내 자신에게 솔직하기 위해 거짓말하지 않았다.

😟 There maybe some reason for their angry outburst.

그들이 분노로 폭발한 데에는 무슨 이유가 있을 것이다(?)

maybe	부사로서 '아마, 어쩌면' 이라는 뜻입니다.
may be	'추측' 을 나타내는 조동사로 쓸 때는 두 단어를 붙여 쓰지 않습니다.

😊 Maybe there are some reasons for their angry outburst.

아마도 그들이 분노로 폭발한 데에는 무슨 이유가 있을 것이다.

There may be some reason for their angry outburst.

그들이 분노로 폭발한 데에는 무슨 이유가 있을 것이다.

😟 Fliers with a picture of a disappeared dog were put on every electric pole.

실종된 개의 사진이 있는 전단지가 전봇대마다 붙어 있었다(?)

disappearing	동사로만 쓰여, 명사 앞에 올 수 없고 수동태로도 쓰일 수 없습니다.
missing	명사 앞에서 명사를 수식할 수 있습니다.

😊 My dog disappeared mysteriously.

우리 집 개가 감쪽같이 사라졌다.

Fliers with a picture of a missing dog were put on every electric pole.

실종된 개의 사진이 있는 전단지가 전봇대마다 붙어 있었다.

😣 The festive mood of New Year's Day gives me confidence which I can do anything.

설날의 축제 분위기는 내게 무엇이든 할 수 있다는 자신감을 준다(?)

which	관계사로서 뒤에 따라오는 절이 불완전한 문장일 때 씁니다.
that	뒤에 오는 절이 완전한 문장이면 관계사절이 아닌, 앞에 있는 추상명사의 내용을 구체적으로 밝혀주는 동격의 명사절 that입니다.

😊 The festive mood of New Year's Day restores my confidence which [that] I lost the previous year.

설날의 축제 분위기는 그 이전 해에 내가 잃어버린 자신감을 회복시켜 준다.

The festive mood of New Year's Day gives me confidence that I can do anything.

설날의 축제 분위기는 내게 무엇이든 할 수 있다는 자신감을 준다.

English shares a good amount of linguistic features with some European languages.

영어는 일부 유럽 국가 언어들과 상당히 양의 언어적 특징을 공유한다.

amount	셀 수 없는 명사와 함께 씁니다.
number	셀 수 있는 복수명사와 함께 씁니다.

There seemed to be a good amount of money in the envelope.

봉투에 상당한 액수의 돈이 들어 있는 듯 했다.

English shares a good number of linguistic features with some European languages.

영어는 일부 유럽 국가 언어들과 상당한 수의 언어적 특징을 공유한다.

It is common that listening skills advance more rapidly than speaking skills.

보통 듣기 능력이 말하기 능력보다 더 빠르게 향상한다(?)

It is common for ~ to	'It is common'으로 시작하는 문장에는 that 절이 올 수 없으니 'for(의미상 주어)~to(진주어)~' 형태로 씁니다.
There is no doubt that~	의미상 반드시 that절이 와야 하는 표현입니다. '의심의 여지가 없다'는 뜻의 'no doubt'이 올 때는 if나 whether를 쓰지 않습니다.

😊 It is common for listening skills to advance more rapidly than speaking skills.

보통 듣기 능력이 말하기 능력보다 더 빠르게 향상한다.

There is no doubt that listening skills advance more rapidly than speaking skills.

듣기 능력이 말하기 능력보다 더 빠르게 향상한다는 것은 의심의 여지가 없다.

😢 My friends are divided into two groups-shoppers and couch potatoes.

내 친구들은 쇼핑하는 애들과 집에서 TV만 보는 애들 두 부류로 나뉜다(?)

- (하이픈)	'well-known', 'five-minute-long'처럼 여러 단어를 한 단어로 묶어주는 '하이픈' 입니다.
– (대시)	구나 절을 주절에 연결해주는 '대시' 입니다. 하이픈을 두 개 합친 길이이며, 연결된 요소들을 하나의 단어로 묶어주지 않습니다.

😊 My sister gave me the I-hate-you look.

동생이 내게 '언니 미워 죽겠어' 하는 표정을 지어 보였다.

My friends are divided into two groups–shoppers and couch potatoes.

내 친구들은 쇼핑하는 애들과 집에서 TV만 보는 애들 두 부류로 나뉜다.

A sixty-year-old-veteran volunteered to help crime victims.

60세의 퇴역 군인이 범죄 피해자 돕기에 자원했다(?)

명사로 만들 때	여러 단어를 이어 하나의 명사로 만들 때는 마지막 단어까지 하이픈(-)으로 연결합니다.
형용사로 만들 때	여러 단어를 하이픈(-)으로 이어 명사를 꾸미는 형용사 하나로 만들 때는 그 명사에까지 하이픈을 연결하지 않습니다. 'a veteran'처럼 마지막 단어만으로도 말이 됩니다.

I don't want to be a stick-in-the-mud to my children.

내 자식들에게 고루한 사람이 되고 싶지 않다.

A sixty-year-old veteran volunteered to help crime victims.

60세의 퇴역 군인이 범죄 피해자 돕기에 자원했다.

지금까지 거론한 탄탄한 문장을 위한 원칙과 어휘를 사용하여 영작해 보았습니다. 복습 겸 재미삼아 읽어 보세요.

What the Moon Tells Me

On my daughter's thirteenth birthday, I took her to a
구체적인 내용의 전치사구이므로 문장 머리에 놓음

nearby steakhouse where we could enjoy juicy steaks and
near와 구별 앞의 선행사가 불특정한 내용이므로 쉼표 없는 관계사절

fresh salads. Since my husband was away on a business trip, I invited my younger brother to the birthday lunch. My daughter and I arrived early at the restaurant. Seeing her
보어가 없는 자동사, 문장 끝을 피해 동사 바로 뒤 전치사구 앞에 주절의 주어와 의미 호응

uncle walking into the restaurant, the birthday girl's face brightened, as she knew that he was going to give her a 24-
한 단어로 만들어 주는 하이픈

tube acrylic set. In fact, she had already told him what she
완료조동사가 있을 때 부사의 위치

wanted for her birthday. She wasn't, however, just thinking
접속부사 however의 위치

of the birthday present. The teenage girl was fully loaded
be동사가 있을 때 부사의 위치

with questions about the world's unsolved mysteries.

For the next thirty minutes, enjoying their steaks and
특정한 내용의 전치사구이므로 문장 머리에 주절의 주어와 의미 호응

salads, they exchanged questions and answers about the
change와 구별

Bermuda Triangle, Egyptian Pyramids, Area 51, and so on.
등위접속사 and에 연결되므로 같은 형태로

Running out of questions, she asked her uncle the final
주절의 주어와 의미 호응

one: "Of all the mysteries you know, what would you say is
특정한 내용이므로 문장 머리에 know of와 구별

the most mysterious?" I was expecting something
look forward to와 구별

extremely unusual, something I've never seen in my entire

life. But his answer was quite the contrary: "It's definitely
however대신 문장 머리에 be동사가 있을 때 부사의 위치 문장 머리를 피해 be동사 뒤에

the moon."

Surprised, I asked the reasons why the 'familiar' moon
주절의 주어와 의미 호응 that과 구별 close와 구별

should be so mysterious. My little brother explained to us
비중 있는 내용이 아니므로 문장 끝을 피해 동사와 목적어 사이에

that as a satellite, the moon is too big for the earth. He also
접속부사, 문장 머리를 피해 동사 앞에

said that the satellite always shows us the same face because
빈도부사, 일반동사 앞에

its orbit and rotation times are the same, so we cannot be

sure whether the moon is actually a complete sphere or not.
be동사가 있을 때 부사의 위치

I was fascinated by the reasons, especially the second one. If
접속부사 especially의 위치

the moon, unlike the earth, is not round, or if it is flat like
정확한 형식적 대칭, 의미 호응이 되는 비교 주어와 대칭되는 내용이므로 전치사 없이

비중 없는 전치사구, 동사와 목적어 사이에
a pancake, it appeared to me that the extraordinary,
look과 구별

exceptional shape itself can prove the exceptionality of

human beings, or all living creatures on the earth. If there
등위접속사 or로 연결되므로 같은 형태로

exists a great being that created the world, 'the Being' did
선행사가 불특정한 내용이므로 쉼표 없는 관계사절

something exceptional to the rule in order to make the
주어와 의미 호응

earth and all the lives happen on the planet.
take place와 구별

To confirm this idea, I searched the web for scientific
문장 머리에 있으므로 주어와 호응 search for와 구별

information that would back up my brother's explanations.
선행사가 불특정한 내용이므로 쉼표 없는 관계사절

According to my research, what he said was mostly true.
almost와 구별, be동사 있을 때 부사의 위치

The moon is, proportionally, the biggest satellite in the
문장 머리를 피해 be동사 뒤. 쉼표는 강조를 위해 찍음

solar system; it is big enough to stabilize the earth's

rotation and to produce tides. The shape of the moon,
등위접속사 and에 연결되므로 'to stabilize'와 같은 형태로

although not exactly like that of a pancake, is 'too flat'. I
공평한 비교를 위해

found out in a newspaper article that this unusual form has
found와 구별 불특정하므로 문장 머리나 끝을 피해 동사와 목적어 사이에

puzzled for centuries many mathematicians and scientists.
불특정한 내용이므로 문장 끝을 피해 동사와 목적어 사이에

주어와 일치하므로 재귀대명사 to부정사의 주어를 밝힐 필요가 있을 때
I then thought to myself, 'Will it be safe for me to believe
접속부사, 문장 머리를 피해 동사 앞에 believe와 구별

in the exceptionality of the human race and the the earth?'

But I was deterred from drawing that conclusion by
However 대신 문장을 시작하는 좋은 예

another moon-related scientific fact: the good old friend of
other와 구별

the earth is slowly moving away from us. It is stepping
be동사가 있을 때 부사의 위치 큰 비중 없고 동사와 가까워야 자연스러운 전치사구의 위치

back from us about four centimeters each year. Robert Roy Britt, a senior science writer in Space.com, predicted that in the distant future our descendants would have to work
비중있거나 특정한 내용이 아니므로 문장 끝을 피해
960 hours a day, struggling to survive a swelling sun. The
that절의 주어 descendants와 의미 호응
earth's mysterious companion might not be a god-sent gift.
한 단어로 묶는 하이픈
On the contrary, it might be only a short-lived coincidence,
on the other hand와 구별
한 단어로 묶는 하이픈
and so is our existence. The extraordinary shape of the moon may be not the major cause of our existence but the effect of
not A but B 구문 대칭 만들기
its long-term interactions with the earth. In a word, all these mysterious things about the moon may have resulted
might have resulted와 구별
strictly from laws of physics. I again asked myself, 'Then, is
숙어적 성격을 지닌 전치사구가 올 때 부사의 위치
접속부사, 문장 머리를 피해 동사 앞에
there no special Being in the world? Or the Being is nothing but physics laws?'

However, although I had no particular religion, I
새 문단을 시작할 때는 문장 머리에 쓰이는 경향 있음
decided not to take either of the two views. To be honest,
접속부사와 빈도부사의 위치
in my forties, I still sometimes desperately want something
구체적인 내용이므로 주어 앞에 올 수 있음
목적어 부분이 길때는 동사 앞에. 목적어가 짧다면 앞의 두 부사와 떨어뜨려 목적어 뒤에 씀
miraculous to happen to me and the people I care for, and

feel disappointed when nothing happens. That must have been the reason why I had hoped the moon was something
that과 구별
truly exceptional and inexplicable. But the older I become,
등위접속사 and에 연결되므로 같은 형태로
the more awed I am by the inevitability of laws of physics. I have forgotten almost all the physics laws I had learned in
most와 구별, all 수식
high school, but I can't help noticing that nothing lasts forever, no one is perfect, everyone is equal, and what goes
등위접속사 and로 연결되므로 모두 같은 형태로
around comes around. I feel awed, not because the physics
not A but B 대칭 만들 때 전치사나 연결어 반복하기
laws are cruelly inescapable, but because I see inescapable fairness in the laws. Because the Being loves everything in the world—as it is supposed to—the Being set strict physics
절을 주절에 연결하는 대시. 대시를 쓸 때는 쉼표 생략
laws that apply to everyone and everything.

The Being doesn't play favorites. In planting gravity in
partiality와 구별 문장 머리 전치사구, 주어와 호응
the earth, the Being excluded nothing, so we have been able to build houses, stores, bridges, and factories. If we don't want to die from falling from a cliff, we have to exercise caution, instead of expecting some exceptional
주어와 의미 호응, exercise caution과 형식 대칭

love. In stalling a satellite that is too big and too flat for
문장 머리 전치사구, 주어와 호응 불특정한 선행사를 꾸미면 쉼표 없는 관계사절

the earth, The Being didn't make it permanent. I was

disappointed at first, but I am now beginning to think that
first와 구별 접속부사, 문장 머리를 피해 be동사 뒤에

knowing there is an end may be bliss. When knowing
maybe와 구별 주어와 의미 호응하는 분사

something– whether it's good or bad– will end and
절을 주절에 연결하는 대시

something new will come, we feel the need to change,

transform, and evolve ourselves. And to do a good job at
같은 목적어를 공유하는 동사들은 같은 형태 로 주어와 의미 호응하는 문장 머리 to부정사

changing and evolving ourselves, we must be fully aware
등위접속사 and에 연결되므로 같은 형태로 의미상 aware를 꾸미므로 그 앞에

not only of the all-including laws but also of the ever-
not only A but also B 구문, 전치사를 반복하며 대칭 만들기

changing reality.

satisfactory와 구별

It certainly feels satisfying to me that I've reached this
보어 있는 동사를 꾸미는 부사의 위치 전치사구 위치, 문장 머리와 끝을 피해 진주어 앞에

conclusion from my ruminations about the moon. Yet,

after four decades of life experiences, I know that putting
특정한 내용이 있는 전치사구이므로 주어 앞에

that lesson into action is not as cool and easy as saying or
act와 구별

writing it. When someone who has helped me live and
앞의 putting구와 형식적 대칭을 이루는 비교 불특정한 선행사를 꾸미는 쉼표 없는 관계사절

survive is moving away from me like the moon, how can it
주어와 비교되는 구문이므로 전치사 없이 씀

be easy for me to prepare for the separation? When
prepare와 구별

something incredibly happy happens to me, how can it be easy for me not to wish that it would last forever? How can I not ask 'Why me?' if I suffer severely from illness, poverty, or an unsuccessful life?

to부정사의 의미상 주어

보어가 없는 자동사를 꾸미는 부사의 위치

보어가 없는 자동사를 꾸미는 부사의 위치

I still hope and believe, however, that my life will be a little bit easier to live if I keep in mind the all-including laws and the ever-changing reality. After all, how can I deny that my own blindness and inflexibility have mainly caused me all the troubles and pain?

문장 머리를 피해 동사와 목적어 사이에

전치사구, 큰 비중이 없고 목적어가 길기 때문에 문장 끝 피하고 동사 가까이에

that절의 주어 my life와 일치하지 않으므로 부사절로

완료조동사가 있을 때 부사 위치

give와 구별